Welpenerziehung für Einsteiger – Das Praxisbuch für die Welpenaufzucht

Wie Sie Ihren Welpen liebevoll aufziehen, ernähren und pflegen – alles über Fellpflege, Krankheiten, Zweithund uvw.

Sascha Bergmann

Alle Ratschläge in diesem Buch wurden sorgfältig erwogen und geprüft. Eine Garantie kann dennoch nicht übernommen werden. Eine Haftung des Autors beziehungsweise des Verlags für jegliche Personen-, Sach- und Vermögensschäden ist daher ausgeschlossen.

INHALT

Das erwartet Sie in diesem Buch

Überlegen Sie momentan, einen Welpen zu kaufen? Oder haben Sie sich schon für einen Vierbeiner entschieden, der bald bei Ihnen einzieht oder vielleicht schon bei Ihnen wohnt? Dann soll dieser Ratgeber Ihnen helfen, eine gute Beziehung zu Ihrem Hund aufzubauen und Tipps geben, wie Sie Ihren Vierbeiner möglichst artgerecht und erfolgreich erziehen sowie ganz nebenbei eine großartige Beziehung zu ihm aufbauen können.

Hundeerziehung ist kein Hexenwerk, dennoch gibt es einiges, was Sie beachten sollten, damit ein harmonisches Zusammenleben problemlos funktioniert.

Gerade am Anfang kommen viele Fragen auf, neben Euphorie und Freude über den neuen Mitbewohner entsteht gerade in den ersten Wochen oft auch Unsicherheit und Angst. Wird sich Ihr Hundekind bei Ihnen wohlfühlen? Ist es gesund? Wird Ihr Welpe Sie genauso lieben wie Sie ihn? Dieser Ratgeber soll die wichtigsten Fragen klären und eine hilfreiche Unterstützung in den ersten aufregenden Monaten sein.

Der Hund – ein toller Wegbegleiter

Hunde sind die beliebtesten Haustiere in Deutschland, derzeit gibt es hier etwa 10,4 Millionen Hundebesitzer. Kein Wunder, denn Hunde sind nicht nur treue Wegbegleiter, sie sind zudem auch sehr gelehrig, kuscheln gern und sind für jedes Abenteuer zu haben. Leider informieren sich viele Menschen nicht ausreichend und sind nach kurzer Zeit überfordert mit ihrem Hund, weil dieser Verhaltensauffälligkeiten zeigt. Deshalb ist es wichtig, dass Sie sich vor dem Hundekauf ausreichend Gedanken machen und ernsthaft überlegen, ob Sie bereit sind für einen anspruchsvollen und fordernden Mitbewohner.

Was Sie vor dem Hundekauf beachten sollten

Die Entscheidung, ein Tier bei sich aufzunehmen, bedeutet, Verantwortung für ein Lebewesen zu übernehmen, möglichst das ganze Leben lang. Hunde werden im Durchschnitt 10 bis 15 Jahre alt, einige Rassen sogar noch älter. Daher sollte der Hundekauf wohlüberlegt und keine spontane Entscheidung sein, die nach einigen Wochen bereut wird.

Der Umzug eines Welpen aus seiner gewohnten Umgebung und weg von vertrauten Menschen ist ein sehr traumatisches Erlebnis für einen Hund. Damit Sie ein Hundeleben lang viel Freude mit Ihrem neuen Begleiter haben, sollten Sie sich sicher sein, dass Sie der Verantwortung gewachsen sind und die Entscheidung niemals bereuen werden. Es gibt so viele gute Gründe für einen Hund und die Welpen sind so niedlich, da kann kaum jemand widerstehen. Trotzdem sollte ein Lebewesen niemals als spontane Idee oder gar als Geschenk gekauft werden.

DER TRAUM VOM EIGENEN HUND

Finden Sie Hunde nur süß anzuschauen oder können Sie sich vorstellen, jahrelang, auch bei Wind und Regen, mit Ihrem Vierbeiner draußen unterwegs zu sein? Hundeerziehung kostet vor allem Zeit und Nerven, gerade im ersten Lebensjahr des Hundes. Ein Hund wird von allein groß, aber er erzieht sich nicht von selbst, diese Aufgabe sollten Sie übernehmen, damit Sie später einen ausgeglichenen und lieben Freund haben.

Ein Hund kann Ihr bester Freund werden, Sie fast überallhin begleiten, in guten und in schlechten Zeiten stets an Ihrer Seite sein und wird Sie niemals im Stich lassen. Hunde sind oft treuer und ehrlicher als viele

Menschen. Diese bedingungslose Liebe ist doch gerade das Besondere an einem Hund. Aber auch der niedlichste Welpe wird einmal groß und stellt Ansprüche, denen seine Menschen gerecht werden müssen. So wie Ihr Hund jederzeit für Sie da ist, braucht er auch Sie an seiner Seite und wünscht sich nichts mehr, als möglichst viel Zeit mit seinem Herrchen oder Frauchen zu verbringen.

Zeit ist daher ein wesentlicher Faktor, der berücksichtigt werden muss, bevor man sich einen Welpen kauft. Nicht nur in den ersten Wochen benötigt ein Hund viel Aufmerksamkeit, auch mit den Jahren wird er Ihre Zeit einfordern, die Sie hoffentlich auch dann noch gern mit ihm verbringen. Überdenken Sie daher Ihren Alltag sehr genau und überlegen Sie, wann und wie viel Zeit für einen Hund übrigbleibt.

Wenn alle Familienmitglieder einverstanden sind, sollte sicherheitshalber getestet werden, ob Allergien gegen Hunde vorliegen. Das ist sehr wichtig zu wissen, denn gerade, wenn Sie bisher nur selten Kontakt zu Hunden hatten, sollten Sie vorher einen Allergietest bei einem Arzt durchführen lassen. Zur Diagnostik eignen sich Hauttest, wie beispielsweise ein Pricktest oder ein Allergie-Bluttest, bei dem im Labor das Blut auf Antikörper gegen spezifische Allergene untersucht wird. So gehen Sie auf Nummer sicher und brauchen keine Sorge vor einer allergischen Reaktion zu haben, die im Zweifel zur Abgabe des Hundes führen könnte.

Hunde sind großartige Lebewesen, sie bereichern das Leben ungemein, es ist schöner, sich mit dem besten Freund an der frischen Luft zu bewegen und jede Menge Abenteuer gemeinsam zu erleben. Damit Sie die besten Voraussetzungen haben, gibt es einige Dinge zu beachten, damit Sie mit Ihrem Hund ein großartiges Team werden und ein glückliches Leben gestalten können.

SOLL ES EIN WELPE SEIN ODER KOMMT AUCH EIN ERWACHSENER HUND INFRAGE?

Welpen sind so niedlich und ehe man sich versieht, haben sie das Herz erobert und dann kann man kaum noch nein sagen. Doch auch Welpen werden schnell groß und sind nicht lange so klein und hilflos. Einen Hund von klein auf in seinem Leben zu begleiten hat einige Vorteile, wie beispielsweise, dass es leichter ist, eine intensive Bindung und Beziehung zum Hund aufzubauen, auch durch den intensiven Kontakt in den ersten Lebenswochen.

Die Phase der Sozialisation, welche ein wichtiger Bestandteil der Welpenzeit ist, kann individuell gestaltet werden, die Halter können den Welpen in der Zeit mit allen für sie wichtigen Ereignissen und Situationen bekannt machen. Auch das Training kann von Beginn an sehr individuell gestaltet werden, in dieser Zeit ist es sehr leicht, dem Hund alles Mögliche beizubringen. Ein Hund aus erster Hand hat sicher noch keine schlimmen Erfahrungen gemacht, die ihn geschädigt haben, was das Training nicht zusätzlich erschweren würde.

Doch es hat nicht nur Vorteile, einen Welpen in die Familie aufzunehmen, denn junge Hunde sind nicht nur niedlich und verspielt, sondern benötigen viel Zeit und Geduld, um zu einem souveränen, erwachsenen Hund zu werden. Noch dazu muss Stubenreinheit erst erlernt werden, was einige Zeit dauern kann, bis dahin könnten durch Missgeschicke Teppiche und Böden beschmutzt werden. Der Hund braucht hochwertige Nahrung, in etwa dreimal pro Tag. An langen Unternehmungen und Spaziergängen sollten Welpen noch nicht teilnehmen. Aber auch das Alleinbleiben muss ausreichend geübt werden, bis es problemlos funktioniert. Bei längerer Abwesenheit muss unbedingt eine Betreuungsperson organisiert werden, welche sich um den Hund kümmern kann. Auch das Training muss erst langsam ausgebaut werden. Die Nächte mit Welpen sind auch kurz und von einigen Unterbrechungen geprägt, da der Hund auch nachts nach draußen muss.

Teppiche, Möbel, Wände, Spielzeuge und sämtliche Gegenstände, an die der Hund herankommt, könnten durch die Welpenzähne beschädigt werden. Junge Hunde nehmen keine Rücksicht auf eine teure und wertvolle Einrichtung. Alles in allem braucht ein Welpe sehr viel Erziehung und Zeit, aber kann sich durch eine gute Bindung von Anfang an zu einem großartigen Gefährten entwickeln, mit dem man durch alle Zeiten im Leben gehen kann.

Aus verschiedenen Gründen müssen oder wollen sich Menschen von ihrem erwachsenen Hund trennen, meist sind es Gründe wie eine plötzliche berufliche Veränderung, Trennung, das Auftreten einer Allergie, die Geburt eines Kindes oder dass die Halter schwer erkrankt oder gestorben sind. Deshalb suchen auch ältere Hunde noch ein neues Zuhause, was auch wiederum einige Vorteile mit sich bringen kann. Erwachsene Hunde sind meistens bereits stubenrein, können längere Zeit allein bleiben, müssen weniger häufig nach draußen gehen und brauchen weniger Training, was die Basics angeht. Ausgewachsene Hunde können an langen Spaziergängen und Ausflügen teilnehmen, aber auch intensive Trainings lassen sich ohne Probleme durchführen. Der Charakter ist häufig schon deutlich zu erkennen und bleibt relativ konstant. Phasen wie die Pubertät haben die meisten Hunde bereits hinter sich und sind dadurch schon deutlich gefestigter.

Natürlich bringen auch erwachsene Hunde nicht nur Vorteile mit sich. Der Bindungsaufbau zu solch einem Hund kann sich deutlich schwieriger gestalten. Vielleicht dauert es länger, bis man das Vertrauen des Hundes gewonnen hat, und die enge Beziehung entwickelt sich erst mit der Zeit. Schlimme Erlebnisse, Misshandlungen und traumatische Erfahrungen prägen den Hund dauerhaft und sind nicht mehr rückgängig zu machen. Wenn die Sozialisation schlecht verlaufen ist, kann dies unter Umständen sehr schwer nachgeholt werden. Hat sich ein Hund schlechte Angewohnheiten angeeignet, wird das Training sehr viel Zeit in Anspruch nehmen, bis Erfolge zu bemerken sind.

Egal, ob Welpe oder erwachsener Hund, das Wichtigste ist, dass Hund und Halter zusammenpassen, miteinander harmonieren und sich aufeinander einlassen können. Welche Entscheidung Sie treffen möchten, hängt ganz von Ihren Wünschen ab.

WAS MACHT EINEN GUTEN ZÜCHTER AUS?

Wie der Hund am Anfang seines Lebens geprägt wird, wie wahrscheinlich es ist, dass er an unerkannten Krankheiten leidet oder gar schlimme Erfahrungen gemacht hat, hängt unmittelbar mit seiner Herkunft zusammen. Kaufen Sie niemals einen Welpen von unseriösen Massenvermehrern, auch wenn Sie verständlicherweise Mitleid mit den kleinen Wesen haben. Durch einen solchen Kauf unterstützen Sie die Arbeit dieser Vermehrer und sind mitverantwortlich für das Leiden vieler weiterer Welpen und der Mutterhündinnen. Die Hündinnen werden als Gebärmaschine ausgenutzt, bekommen keine medizinische Versorgung und haben keine Chance, sich von der anstrengenden Geburt und der Welpenzeit zu erholen.

Die Umstände, unter denen die Welpen das Licht der Welt erblicken, haben leider nichts mit behütetem Aufwachsen oder einer verantwortungsvollen Zucht zu tun und dürfen daher keinesfalls unterstützt werden. In so einem Fall ist es ratsam, den Tierschutz zu informieren, anstatt aus Mitleid einen möglicherweise kranken Welpen zu kaufen.

Kaufen Sie niemals Welpen nur über das Internet, ohne gesehen zu haben, wie und wo die Hunde aufwachsen. Auch ist es wichtig, zumindest die Mutterhündin gesehen zu haben, bestenfalls sogar den Deckrüden. So bekommen Sie direkt einen Einblick, wie die Züchter mit den Hunden umgehen, aber auch, wie die erwachsenen Hunde auf Sie wirken. Beobachten Sie den Umgang der Hündin mit den Welpen, aber auch, wie die Welpen auf Sie reagieren.

Lassen sich die Welpen anfassen? Sind sie aufgeschlossen und neugierig oder liegen sie apathisch und verschüchtert in einer Ecke? Nehmen Sie sich die Zeit, die Welpen in ihrer Kinderstube zu besuchen, möglichst nicht nur einmal. So können Sie auch direkt sehen, wie sich Ihr Welpe entwickelt und den ersten Kontakt mit ihm knüpfen.

Welpen dürfen nicht vor der achten Woche von der Mutter getrennt werden, bis dahin sollte der Hund wohlbehütet mit seinen Geschwistern aufwachsen. Eine gute Welpenstube befindet sich nicht in einem verlassenen Stall, sondern hat bestenfalls Anschluss zum Wohnhaus. Der Welpe lernt so direkt viele Eindrücke, Geräusche und Menschen kennen.

Das ist eine Grundvoraussetzung für einen selbstsicheren und angstfreien Hund, was Ihnen, aber auch dem Hund im weiteren Training viel Stress erspart. Umso mehr positive Erfahrungen der Welpe am Anfang seines Lebens macht, umso angstfreier wird er neue Situationen meistern, denn gute Sozialisierung beginnt schon direkt nach der Geburt.

Lassen Sie sich bescheinigen, dass sowohl die Mutterhündin als auch die Welpen medizinisch untersucht und gesund sind. Ein guter Züchter beantwortet Ihnen alle Fragen, berät Sie über die Rasse, interessiert sich aber auch für Sie und möchte wissen, wo der Hund hinkommen wird und wie sein Leben dort aussehen soll. Haben Sie das Gefühl, dass der Züchter die Hunde möglichst schnell loswerden möchte, der Preis womöglich sehr stark verhandelt wird und Ihnen als potenzielle neue Besitzer nicht freundlich, offen und interessiert begegnet wird, sollten Sie von einem Kauf lieber Abstand nehmen.

Leider gibt es viele unwissende Menschen, die irgendwelche Hunde beliebig miteinander verpaaren und weder Ahnung von Hundezucht haben noch Wert darauflegen, dass die Welpen gut sozialisiert werden, sondern verfolgen lediglich finanzielle Interessen.

Mit Hunden lässt sich leider schnell und viel Geld verdienen, aber ein verantwortungsvoller Züchter gibt seine Welpen nicht an irgendwen ab, sondern möchte nur das Beste für seine kleinen Lieblinge. Ein gesunder, sorgsam großgezogener und liebevoll geprägter Welpe hat seinen Preis, da die Aufzucht viel Zeit und Geld benötigt. Informieren Sie sich im Vorfeld, welche Preisspanne für Ihre Wunschrasse üblich ist, da die Preise je nach Rasse sehr stark variieren können.

10 Punkte, an denen Sie einen guten Züchter erkennen

1. Die Zuchthunde und die Welpen kommen Ihnen bei der Begrüßung freundlich und neugierig entgegen.

2. Der Züchter hat einen guten Draht zu seinen Hunden, er pflegt einen freundlichen Umgang mit ihnen und behandelt sie liebevoll.

3. Alle Hunde sind gepflegt und in einem guten Ernährungszustand sowie nachweisbar geimpft, gechippt und entwurmt.

4. Die Hunde sind nicht separat untergebracht, sondern leben mit im Haus der Familie.

5. Die Welpen haben einen eigenen Bereich, mit ausreichend Platz, Spielmöglichkeiten, aber auch die

Möglichkeit, außerhalb dieses Bereiches Ihre Umwelt zu erkunden.

6. Der Züchter beantwortet Ihnen authentisch und freundlich alle Fragen und zeigt Ihnen die Zuchtunterlagen, die Ahnentafel sowie die Zuchtzulassung.

7. Der Züchter nimmt sich ausreichend Zeit für Ihren Besuch, ist sehr interessiert an Ihnen und Ihren Lebensumständen und möchte herausfinden, ob ein Hund in Ihr Leben und in Ihren Alltag passt.

8. Der Züchter züchtet nicht mehr als zwei Hunderassen und die Mutterhündin hat nicht jedes Jahr einen Wurf, sondern mindestens ein Jahr Pause dazwischen.

9. Die Welpen leben mit der Mutterhündin zusammen und werden nicht vor der 8. Woche abgegeben.

10. Die Welpen erhalten nachweislich tierärztliche Betreuung und werden vor der Abgabe gründlich untersucht und gechippt. Die Ergebnisse bekommen Sie ausgehändigt sowie einen Heimtierausweis.

MISCHLINGSHUND ODER RASSEHUND?

Mischlinge sind gesünder? Rassehunde haben Gelenkprobleme und sterben früher? Ganz so einfach ist es nicht. Voruntersuchungen sind in jedem Fall nötig, um mögliche Erbkrankheiten mit Sicherheit ausschließen zu können. Daher können bei Zufallswürfen genauso kranke Welpen entstehen wie bei reinrassigen Hunden. Von stark überzüchteten Rassen ist allerdings generell abzuraten, da in diesem Fall auffallend häufiger gesundheitliche Einschränkungen auftreten können. Äußerlich krank aussehende Welpen, mit beispielsweise verklebtem oder kotverschmiertem Fell, tränenden Augen oder gar offenen Wunden, sprechen selbstverständlich nicht für einen ärztlich untersuchten und medizinisch behandelten Welpen. Die Mutterhündin achtet von sich aus auf eine saubere Umgebung und gepflegte Welpen, daher stellen ungepflegte Hunde ein deutliches Alarmzeichen dar.

Ansonsten sollte die Rasse eher nach den persönlichen Wünschen und Anforderungen ausgewählt werden. Tierärztliche Kontrolluntersuchungen sind in jedem Fall notwendig, da es leider nie eine Garantie geben kann, dass der Hund nicht doch mal krank wird.

Die Anzahl der Hunderassen ist enorm hoch und es werden immer mehr. Sogenannte Modehunde wie beispielsweise der Australian Shepherd, der Labrador Retriever und die Französische Bulldogge werden aufgrund ihres besonderen Aussehens häufiger gehalten. Neben dem äußerlichen Erscheinungsbild sollten aber auch die Charaktereigenschaften der einzelnen Rassen eine Rolle spielen, da Hund und Halter sonst eventuell verschiedene Anforderungen aneinander haben können.

Jagd- und Hütehunde brauchen viel Auslauf, aber auch kognitive Forderung, um glücklich und ausgeglichen zu sein. Je nach Rasse haben Hunde verschiedene Eigenschaften und lassen sich schwerer oder leichter erziehen. Trotzdem gibt es keine klassischen „Anfängerhunde". Alle Hunde brauchen Erziehung und Bewegung. Genauso lassen sich auch jeder Hund und jede Rasse mit der nötigen Konsequenz erziehen. Natürlich darf der persönliche Geschmack bei der Auswahl des Hundes auch berücksichtigt werden, nur sollte das Aussehen nicht als Hauptkriterium gewählt werden.

TIERHEIMHUND, JA ODER NEIN?

Tiere aus dem Tierheim haben oft einen schlechten Ruf, sie gelten als verzogen, ängstlich, aggressiv, werden schnell als „Problemhunde" betitelt und kommen für viele Menschen deshalb nicht infrage. Tatsächlich landen viele Hunde im Tierheim, weil sie eine schreckliche Vergangenheit haben, hungern mussten, ausgesetzt oder vielleicht sogar misshandelt wurden. Doch die Tierheimmitarbeiter*innen arbeiten mit Trainern und Tierpsychologen zusammen, welche sich ein sehr genaues Bild von dem jeweiligen Hund machen können. Sie brauchen keine Sorge zu haben, dass Sie zu einem Hundekauf überredet werden.

Die Mitarbeiter und Mitarbeiterinnen befragen Sie genau zu Ihren Erwartungen an den Hund und beraten Sie, welches Temperament zu Ihnen passen könnte. Auch nach dem Kauf bekommen Sie Hilfe und Unterstützung, oftmals sogar noch Trainingsstunden. Zudem haben Sie die Möglichkeit, den ausgewählten Hund über einen längeren Zeitraum kennenzulernen, mit ihm spazieren zu gehen und eine erste Bindung aufzubauen. So können Sie einem liebenswerten Hund die Chance auf ein schönes und liebevolles Leben schenken.

SOLL ES EINE HÜNDIN ODER EIN RÜDE WERDEN?

Diese Frage lässt sich nicht so einfach klären. Hündinnen gelten als schnell zickig und nicht immer gut verträglich mit Artgenossen, wohingegen Rüden den Ruf haben, weniger verschmust und unabhängiger von ihrem Besitzer zu sein. Das sind Vorurteile, die sich auf keinen Fall pauschalisieren lassen. Beide Geschlechter können mit konsequenter Erziehung zu großartigen Begleitern und sozial verträglichen Hunden werden.

Hündinnen werden ein- bis zweimal pro Jahr läufig, sind in dieser Zeit häufig anstrengender, müssen an der Leine gehalten werden und die Wohnung sollte vermehrt gereinigt werden. Rüden gelten in der Pubertät als stürmischer und oftmals schwieriger zu händeln. Daher haben sowohl Hündinnen als auch Rüden Vor- und Nachteile und es lässt sich keine Empfehlung dafür aussprechen. Weder die Fellfarbe noch das Geschlecht sollte ausschlaggebend für die Auswahl des Hundes sein, viel mehr sollte der Charakter und das Wesen des Welpen die Wahl beeinflussen. Nur, wenn der Hund charakterlich zu seinen neuen Besitzern passt, können beide ein wunderbares Team werden und auf Dauer glücklich miteinander sein.

WAS KOSTET EIN HUND?

Ganz vorweg: Hundehaltung ist teuer. Je nach ausgewählter Rasse kann der Hund selbst schon bis zu 2000 Euro kosten. Dazu kommen einmalige Kosten für die Erstausstattung, wie beispielsweise: Halsband,

Geschirr, Leine, Spielzeug, aber auch ein Schlafplatz, Fellpflegeprodukte und eine Autobox. Ein Hund braucht nicht viel Spielzeug, aber meistens neigt man am Anfang doch dazu, viele verschiedene Accessoires und Hundeprodukte zu kaufen.

Jährliche Kosten für die notwendige Haftpflichtversicherung, Steuern und Tierarztbesuche dürfen auch nicht unterschätzt werden. Futterkosten variieren stark, je nach Sorte und Qualität des Futters.

Dabei muss beachtet werden, dass ein Hund viele Jahre leben wird, in denen neue Anschaffungen notwendig werden. Gerade in den ersten Monaten knabbert der Welpe alles an und das eine oder andere Spielzeug oder Kissen wird diese Zeit nicht überleben. Auch Tierarztkosten für kleine und im schlimmsten Fall größere Operationen belaufen sich schnell auf mehrere Hundert bis Tausend Euro. Daher ist es eine Überlegung wert, ob man sich für eine Tierkrankenversicherung entscheidet. Ein gewisser finanzieller Rückhalt ist aber in jedem Fall notwendig.

Das Geld, welches Sie im Laufe der Zeit in Ihren Hund investieren, würde auch für mehrere Reisen oder ein Auto reichen, daher sollten Sie sich die Kosten sehr genau vor Augen führen.

Zusammengefasst ist ein Hundekauf eine sehr bedeutsame und lebensverändernde Entscheidung, welche gut überlegt sein soll, um sowohl sich selbst als auch dem Hund ein glückliches Leben zu ermöglichen.

Folgende Fragen sollten vor dem Hundekauf beantwortet werden:

Sind alle Familienmitglieder mit der Entscheidung einverstanden, einen Hund zu kaufen?

Hat niemand aus der Familie eine Hundeallergie?

Was passiert mit dem Hund, wenn Sie in den Urlaub fahren?

Wer passt auf Ihren Welpen auf, wenn Sie arbeiten sind?

Wie viel Zeit können Sie am Tag mit Ihrem Hund verbringen?

Haben Sie ausreichend finanziellen Rückhalt für anfallende Kosten?

Passt ein Hund in Ihre Lebenssituation, nicht nur momentan, sondern viele Jahre?

Welche Rasse passt zu Ihnen und Ihrer Familie?

Kinder und Hunde

Die meisten Kinder wünschen sich ein Haustier, um das sie sich kümmern und mit dem sie kuscheln können, doch viele Eltern zweifeln, ob die Freude lange anhält oder ob die Arbeit dann an ihnen hängen bleibt. Kinder profitieren immer davon, wenn Sie mit Tieren groß werden, denn das Versorgen eines Tieres fördert das Verantwortungsbewusstsein, die Eigenständigkeit und das soziale Miteinander.

Es gibt einige Hunderassen, die besonders kinderlieb sein sollen, dazu zählen Labradore, Golden Retriever und Border Collies. Aber nicht jeder dieser Hunde muss sich automatisch gut mit Kindern verstehen und natürlich sind andere Rassen nicht ausgeschlossen.

Ganz wichtig zu wissen ist, dass Kinder sich niemals allein um einen Hund kümmern können, da dieser einfach zu hohe Anforderungen stellt, denen Kinder noch gar nicht gerecht werden können. Deshalb ist ein Hund für Ihre Familie nur geeignet, wenn auch Sie als Eltern gern dazu bereit sind, sich um das Tier zu kümmern und Zeit, Geld und Mühe in die Erziehung zu investieren. Die Hauptverantwortung liegt bei Ihnen.

Zudem sind Tiere auch nicht als Geschenk geeignet, denn die Wünsche von Kindern ändern sich sehr schnell. Deshalb sollte ein Hundekauf gut überlegt sein und kein spontanes Weihnachtsgeschenk, denn so manches Spielzeug landet schnell in der nächsten Schublade, aber Tiere brauchen ihr Leben lang Aufmerksamkeit.

Hunde und andere Haustiere

Vielleicht wohnen bei Ihnen schon tierische Mitbewohner und Sie möchten diese mit Ihrem Hund vergesellschaften. Bei einem Welpen ist es sehr leicht, ihn an andere Tiere zu gewöhnen und ihm klar aufzuzeigen, wie weit er gehen darf. Bei erwachsenen Hunden sieht das schon etwas schwieriger aus, wenn es beispielsweise schlechte Vorerfahrungen mit einer Katze gab und der Hund panische Angst vor diesen Tieren hat.

Generell sind Hunde aber sehr aufgeschlossen, sie wissen zwar, dass wir Menschen und andere Tiere keine Hunde sind, können aber mit allen Lebewesen eine innige Freundschaft aufbauen. Auch das harmonische Zusammenleben von Hund und Katze ist nicht so selten, wie viele denken. Wichtig dabei ist nur, dass die Zusammenführung möglichst unkompliziert gestaltet wird und beiden Tieren genügend Zeit und Rückzugsmöglichkeiten gegeben wird. Allerdings sollte man nicht zu viel erwarten, nicht aus jeder Hund-Katze-Beziehung wird eine Freundschaft fürs Leben, die Hauptsache sollte sein, dass es keine Revierkämpfe gibt und beide friedlich miteinander leben können.

Katzen mögen es nicht, wenn der Hund zu wild ist, daher sollten immer Plätze und gegebenenfalls auch Räume in der Wohnung vorhanden sein, wo die Katze komplett ungestört sein kann und nicht belästigt wird. Trotzdem muss der Hund lernen, dass die Katze keine Beute ist, die er jagen darf. Ist der Hund einmal zu aufdringlich und die Katze wehrt sich, kann das oft schlimme Folgen haben, von Verletzungen bis hin zu Panik, sobald eine Katze in Sichtweite ist.

Auch beim Zusammenleben mit Kaninchen, Meerschweinchen, Hamstern und anderen Kleintieren ist immer Vorsicht geboten. Schnelle Bewegungen lösen bei vielen Hunden Jagdtrieb aus, was durchaus gefährlich werden kann für die Nager. Freilauf sollte daher nur in eingezäunten Bereichen stattfinden und bestenfalls, ohne dass der Hund in der Nähe ist. Für solche kleinen Tiere ist es sehr beängstigend, wenn sie sich die ganze Zeit beobachtet fühlen. Hund und Nager sollten nie gemeinsam unbeaufsichtigt in einem Raum sein.

Auch bei Vögeln, welche in der Wohnung leben, ist der Käfig für den Hund absolut tabu. Beim Freiflug sollte der Hund vorsichtshalber nicht im Raum sein, nicht dass ein Vogel doch mal verletzt wird.

Exotische Haustiere und Hunde können durchaus in einer Wohnung leben. Allerdings sollten Terrarien immer verschlossen bleiben, da zum Beispiel ein Schlangenbiss tödliche Folgen für den Hund haben kann. Auch bei einer Fütterung mit lebenden Mäusen oder Küken sollte der Hund nicht im selben Raum sein. Das Terrarium sollte so stehen, dass der Hund keine Chance hat, an dieses heranzukommen, auch während Ihrer Abwesenheit sollte die Sicherheit für alle Tiere immer gewährleistet sein. Ansonsten wird der Hund vermutlich eher weniger Interesse an einem Terrarium haben, da weder der Geruch der Tiere noch die eher ruhige Atmosphäre seinen Jagdtrieb ankurbeln.

Hunde können definitiv mit anderen Tieren zusammenleben, natürlich auch mit sämtlichen Bauernhoftieren, wichtig ist nur, dass sie dies von klein auf kennenlernen und wissen, wie sie sich zu verhalten haben, damit niemand verletzt wird. Ansonsten wird Ihr Hund sicher kein Problem mit anderen Tieren in seinem Rudel haben.

Das Hundeleben beginnt

Wenn Sie sich nun für die Aufnahme eines Hundekindes entschieden haben, fiebern Sie sicher schon sehr dem den Einzug entgegen. Doch bis es so weit ist, dauert es noch mindestens 8 Wochen nach der Geburt, bis der Welpe bereit ist, die große weite Welt zu erkunden.

Nach etwa 62 Tagen Trächtigkeit werden die Hundekinder geboren, kurz vor der Geburt wird die Hündin unruhig und sucht einen Platz, um die Welpen auf die Welt zu bringen. Zu diesem Zeitpunkt sollten die Züchter schon eine Wurfkiste vorbereitet haben, damit die Hündin bei der Geburt ungestört ist. In den meisten Fällen weiß die Mutterhündin instinktiv, was zu tun ist, und benötigt keine Unterstützung. Sie bringt die Welpen auf die Welt, entfernt die Fruchthülle, nabelt sie ab und beginnt, sie sauber und trocken zu lecken. Der Kreislauf der Welpen wird angeregt und sie beginnen zu atmen.

Die Mutter kümmert sich um jeden Einzelnen, denn Welpen sind am Anfang ihres Lebens blind, taub, können sich nur robbend fortbewegen und sind komplett auf die Fürsorge der Mutterhündin angewiesen. Der Geruchssinn der Kleinen funktioniert schon und sie können Wärme und Kälte unterscheiden, dadurch finden Sie von ganz allein den Weg zur Milchbar. Jeder Welpe findet eine Zitze, saugt sich dort fest und trinkt so lange, bis er satt und zufrieden einschläft.

Die erste Phase ist die vegetative Phase, welche direkt nach der Geburt beginnt. In dieser Zeit besteht der Tag der Welpen vor allem aus Trinken, Schlafen, Kuscheln, Verdauen und Wachsen. Das Einzige, was der Welpe sicher beherrscht, ist das Auffinden der Zitze, dafür braucht ein gesunder Hund keine Hilfe. Auch, wenn sie sich gegenseitig von den Zitzen wegschubsen, fördert das die Auseinandersetzung mit Stress, was hilfreich für die weitere Entwicklung ist. Etwa mit der dritten Lebenswoche endet diese Phase, indem die Welpen die Augen öffnen.

Daraufhin folgt die Sozialisierungsphase, in dieser bekommt der Welpe schon aktiv seine Umwelt mit und macht täglich neue Erfahrungen. Er entdeckt seine Umwelt, nimmt seine Geschwister aktiver wahr und macht schon Erfahrungen, welche sein späteres Leben prägen. In dieser Zeit sollten sie daher keine negativen Erlebnisse machen, da diese dann für immer in deren Kopf verankert sind. Die Welpen beginnen, die Wurfkiste zu verlassen, da sich das Gehirn weiterentwickelt und sie dadurch immer mobiler werden. Das Spielen mit den Geschwistern beginnt in dieser Phase auch und wird immer ausgeprägter.

Schon bald stehen erste Besuchstermine an, sodass die Welpen unterschiedliche Menschen kennenlernen. Sie werden angefasst, hochgenommen und gekuschelt, was wichtig für ihre Sozialisierung ist. Auch Kinder dürfen mit den Welpen kuscheln, aber nie ohne Aufsicht, genaue wie Besucher, denn manche Menschen wissen nicht, wie sie mit so einem kleinen Wesen umgehen sollen. Die Phase der Sozialisierung dauert mindestens bis zum Ende der 16. Woche. Das heißt, wenn der Welpe mit 8 Wochen zu Ihnen kommt, steckt er noch mitten in der Sozialisierungsphase. Sie als neuer

Besitzer sind also maßgeblich an der Entwicklung und Prägung Ihres Welpen beteiligt.

In dieser Zeit lernt Ihr Welpe besonders schnell und nachhaltig. Das bringt Ihnen viele Vorteile, denn was er jetzt lernt und sicher beherrscht, wird später vielleicht noch mal hinterfragt, aber die Grundsätze wird er sein Leben lang behalten. Deshalb ist die Phase der Sozialisierung so wichtig und der Hund sollte so viele Eindrücke wie möglich sammeln, um sich zu einem souveränen Hund zu entwickeln.

Vorbereitung auf den Einzug des Welpen

D ie Welpen wachsen schnell, jeden Tag erkunden sie mehr ihre Umgebung, machen vielleicht sogar schon kleine Ausflüge in den Garten und lernen verschiedene Interessenten kennen. Der Tag des Einzugs rückt immer näher und bis dahin sind noch einige Vorbereitungen zu treffen, damit am Tag der Abholung alles reibungslos funktioniert.

DIE WOHNUNG WELPENSICHER MACHEN

Welpen sind neugierig, sie knabbern alles an, ohne Rücksicht auf Verluste. Deshalb ist es wichtig, dass Sie vor dem Einzug des Welpen alles Wichtige außer Reichweite des Hundes bringen. Auch teure Teppiche, Möbel oder Dekoration sollten sie vorerst entfernen, denn vor den spitzen Welpenzähnen ist am Anfang nichts sicher.

Außerdem sollte die Wohnung keine Gefahr für den Welpen darstellen, deshalb sollten Sie darauf achten, dass keine Kabel zugänglich herumliegen, denn ein Stromschlag kann tödlich enden. Auch giftige Zimmerpflanzen gehören nicht in die Nähe des Hundes, dazu gehören beispielsweise der Weihnachtsstern und der Gummibaum, aber es gibt noch viele andere.

Treppen sollten ebenso abgesperrt werden, zum Beispiel durch ein Kindergitter, da der Welpe Treppensteigen auch erst lernen muss, damit er nicht stolpert und sich dabei verletzt.

Nicht nur im Haus, sondern auch im Garten gibt es viele Gefahren für den kleinen Hund. Besonders wichtig ist, dass der Garten ausbruchsicher ist. Zwar sollte der Welpe anfangs nicht allein im Garten sein, aber einmal nicht hingeschaut und der Welpe hat sich durch ein kleines Loch im Zaun gequetscht und läuft vielleicht auf die Straße. Auch draußen gibt es einige Pflanzen, die Welpen keinesfalls fressen dürfen und die besser vorher entfernt werden sollten. Gleiches gilt für spitze und scharfe Gegenstände und Werkzeug, an denen sich der Welpe verletzen kann. Selbst Teiche und Pools stellen eine Gefahr dar und müssen abgedeckt werden. Sollte Ihr Hund dort hineinfallen und nicht rechtzeitig gerettet werden, kann es schnell passieren, dass er ertrinkt, weil er sich nicht selbstständig aus seiner Lage befreien kann. Ihr Welpe wird zwar schnell lernen, dass er im Garten nichts anfressen darf und nicht überall hinlaufen soll, aber das dauert seine Zeit und bis dahin sollte der Garten sicher sein und kein Risiko darstellen.

Der große Tag: Der Welpe zieht ein

ABHOLUNG BEIM ZÜCHTER

Wahrscheinlich ist die Abholung des Welpen für Sie und Ihre Familie ein ganz besonderes Ereignis. Ihr kleiner Welpe, auf den Sie wochenlang gewartet haben, ist groß und alt genug, um sich von seiner Mutter zu lösen und Sie dürfen ihn endlich abholen.

Die Fahrt zum Züchter ist aufregend und kann gar nicht schnell genug vergehen. Ein paar Dinge sollten Sie beachten, um die Fahrt für den Welpen so angenehm wie nur möglich zu gestalten. Wahrscheinlich holen Sie Ihren Welpen mit dem Auto ab, doch es kann sein, dass Ihr kleiner Vierbeiner zuvor noch nie im Auto gefahren ist und leichte Übelkeit entwickelt. Sicherheitshalber sollten Sie daher etwas zum Reinigen dabeihaben. Auch ein Trinknapf und etwas Wasser darf nicht fehlen. Ansonsten sollten Sie nicht allein fahren, da der Welpe sicher etwas Beruhigung und Körpernähe braucht. Er wird das erste Mal von seinen Geschwistern und seiner Mutter getrennt und ist plötzlich ganz auf sich allein gestellt.

Auch, wenn am liebsten die ganze Familie mit möchte, um den kleinen Welpen in Empfang zu nehmen, sollten Sie nicht mit zu vielen Personen gleichzeitig auf den kleinen Hund treffen, um ihn nicht einzuschüchtern. Am besten fahren Sie zu zweit, damit einer immer bei dem Welpen sein und ihm Sicherheit geben kann. Viel wichtiger ist aber, dass Sie selbst möglichst viel Ruhe ausstrahlen und versuchen, eine entspannte Atmosphäre zu schaffen.

Ihr Züchter wird Ihnen wahrscheinlich noch ein Starterpaket mitgeben mit den nötigen Unterlagen, dem Impfpass, einer Decke, die nach seiner Mama riecht, Spielzeug und Futter für die ersten Tage. Wenn Ihnen noch Fragen durch den Kopf gehen, können Sie diese natürlich auch noch stellen. Sicherlich haben Sie aber auch die Kontaktdaten des Züchters und können sich bei Problemen oder Fragen jederzeit an diesen wenden.

Dann kann die Fahrt auch schon losgehen, der Abschied wird sicher auch für die Züchter sehr emotional, sollte aber auch nicht zu sehr in die Länge gezogen werden, um den Welpen nicht zu verunsichern.

Auf der ersten Autofahrt sollte der Welpe möglichst nah bei Ihnen sein, trotzdem immer ausreichend gesichert, aber am besten nicht allein im Kofferraum. Wenn Sie Glück haben, schläft der Welpe schnell ein, es kann aber auch vorkommen, dass der Trennungsschmerz am Anfang sehr stark ist und Ihr Hund eventuell wimmert oder sogar jault. Auch in diesem Fall sollten Sie beruhigend und mit leiser Stimme zu ihm sprechen, damit er weiß, dass er nicht allein ist.

Sollten Sie merken, dass Ihr Welpe sehr unruhig wird, sich vielleicht vermehrt mit der Zunge um den Mund leckt oder Würgebewegungen macht, kann es sein, dass Ihrem Hund schlecht geworden ist. Halten Sie schnellstmöglich an und lassen Sie ihn ein paar Schritte laufen. Auch Wasser wird ihm sicher guttun.

Je nachdem, wie lang die Fahrt ist, sollten Sie auch so immer mal kleinere Pausen einlegen, damit der Hund sich lösen kann und etwas abgelenkt wird. Die erste Autofahrt ist für alle sehr aufregend und anstrengend, versuchen Sie, so viel Ruhe wie möglich in die Situation zu bringen.

ENDLICH ZU HAUSE

Nun haben Sie die Fahrt gut überstanden und sind im neuen Zuhause angekommen. Bevor Sie hineingehen, sollten Sie Ihrem Welpen noch ein paar Minuten auf einer Wiese geben, sicherlich wird er sich bald noch einmal lösen. Dann passiert nicht direkt am Anfang ein Missgeschick in der Wohnung und er lernt gleich, dass sein Löseplatz draußen ist.

Wohnen Sie in einem Haus mit Garten, haben Sie den Vorteil, dass sich Ihr Welpe selbst aussuchen kann, wohin er möchte. Lassen Sie ihn sich in aller Ruhe umschauen und selbst entscheiden, wohin er laufen möchte.

Besonders ängstliche und unsichere Welpen brauchen mehr Zeit, sich an die neue Umgebung, die neuen Gerüche und neue Menschen zu gewöhnen. Aber bald wird die Neugier siegen und Ihr Welpe möchte alles erkunden. Manche stolzieren gleich durch die neue Umgebung, andere brauchen erst einmal etwas Schlaf. Akzeptieren Sie die Bedürfnisse des Hundes und drängen Sie ihn zu nichts, denn so fasst er am ehesten Vertrauen und fühlt sich schon bald sehr wohl bei Ihnen.

Natürlich können Sie Ihrem Hund auch etwas Futter und Wasser anbieten, es ist aber auch nicht schlimm, wenn er vor lauter Aufregung nichts zu sich nehmen möchte. Generell ist es wichtig, ihn zu nichts zu zwingen, bieten Sie es ihm lieber ruhig immer mal wieder an. Wenn er nicht möchte, stellen Sie es wieder weg. Es ist nicht ratsam, direkt anderes Futter oder Leckerlis zu geben, denn so wird Ihr Welpe schnell merken, dass er, wenn er nur lange genug wartet, etwas anderes bekommt. Wenn die erste Aufregung verflogen ist, wird er sicherlich Hunger bekommen und sein bekanntes Futter gern zu sich nehmen.

Auch wenn es schwerfällt und sicher einige Nachbarn und Familienangehörige Ihren flauschigen Freund direkt sehen möchten, vielleicht haben Sie noch etwas Geduld damit und lassen den kleinen Welpen erst einmal richtig ankommen. Lieber sollten ein paar Tage vergehen, bevor viele verschiedene und neue Menschen auf ihn einströmen, denn sonst würde ihn das sehr schnell überfordern.

Lassen Sie sich die ersten Tage Zeit, sich in aller Ruhe aneinander zu gewöhnen, Ihr Welpe wird Sie bald als Bezugsperson sehen und eine Bindung zu Ihnen aufbauen. Sie sind dann sein sicherer Hafen und er kommt zu Ihnen, wenn ihm der Trubel der Besucher zu viel wird. Ansonsten spricht nichts gegen ein Kennenlernen von vielen und möglichst sehr verschiedenen Menschen, denn auch das ist wichtig für seine Sozialisation.

Nur Kinder, ob fremde oder eigene, sollte nicht allein mit Welpen gelassen werden, da die Welpenzähne sehr spitz sind und Ihr Hund noch keine vollständige Beißhemmung gelernt hat. Kinder, die einmal von einem Hund gezwickt oder während des Tobens gebissen wurden, entwickeln oft eine Abneigung gegenüber dem Tier, was das harmonische Zusammenleben sehr stark beeinflussen würde.

STUBENREINHEIT VON ANFANG AN ÜBEN

Welpen müssen sich sehr oft lösen – am Tag und die ersten Wochen auch noch in der Nacht. Wenn Sie Ihren Welpen mit etwa 8 Wochen abgeholt haben, muss er spätestens alle zwei Stunden nach draußen gebracht werden. Ansonsten haben Sie schnell mal eine Pfütze auf dem Boden.

Ganz wichtig, obwohl Sie Ihren Welpen regelmäßig nach draußen bringen, wird es sicherlich zu dem einen oder anderen Missgeschick kommen. Bestrafen Sie Ihren Welpen nicht, er macht es nicht, um Sie zu ärgern, sondern kennt es vielleicht noch gar nicht anders. Von selbst erklärt sich auch, dass ein Welpe niemals in seine eigenen Ausscheidungen getaucht wird, denn das hat absolut keinen Lerneffekt und verängstigt Ihren Welpen nur.

Es gibt aber Anzeichen, an denen Sie schnell merken können, dass Ihr Hund mal nach draußen muss. Direkt nach dem Fressen, Spielen und Schlafen müssen Welpen zügig an ihren Löseplatz gebracht werden. Dabei müssen Sie nicht jedes Mal eine Runde mit ihm laufen, es reicht, ihn nach draußen zu bringen und etwas zu warten. Loben Sie Ihren Welpen immer wieder, wenn es draußen funktioniert hat. Das ist für ihn ein Zeichen, dass er etwas richtig gemacht hat.

Wenn Sie Ihren Welpen beobachten, dass er lange an einer Stelle schnüffelt oder sich langsam im Kreis bewegt, die Hinterbeine leicht einknickt oder generell sehr unruhig wird oder leise wimmert, ist dies auch ein Anzeichen, dass er höchstwahrscheinlich nach draußen muss. Welpen halten allerdings nicht lange aus, merken Sie solch ein Verhalten, müssen Sie sehr schnell sein, denn sonst ist es zu spät. Seien Sie nicht enttäuscht, wenn die ersten Tage und Wochen doch immer mal Malheurs passieren, bleiben Sie einfach dran und belohnen Sie Ihren Hund immer wieder, wenn es draußen funktioniert hat.

Die erste Nacht

S chnell ist der erste Tag vergangen und so langsam kehrt Ruhe ein. Sicher haben Sie einen Schlafplatz hergerichtet, vielleicht sogar mit einer Decke, die nach den Geschwistern und der Mutterhündin riecht. Die erste Nacht sollte Ihr Welpe keinesfalls allein verbringen müssen. Es gibt ihm Sicherheit, wenn Sie in seiner Nähe schlafen, so bemerken Sie auch schnell, wenn Ihr Welpe wach wird und können ihn nach draußen bringen. Bis ihr Welpe durchschlafen wird, kann es einige Wochen dauern, doch die Abstände, in denen Sie nach draußen müssen, werden schon bald länger werden.

Ob Sie Ihren Hund mit bei Ihnen im Bett schlafen lassen wollen, bleibt ganz allein Ihre Entscheidung, in diesem Fall gibt es kein Richtig oder Falsch.

Manche Welpen sind die ersten Nächte noch etwas unruhig, vielleicht vermisst er nun noch mehr seine Geschwister und fühlt sich etwas allein. Beruhigen Sie ihn mit Ihrer Stimme, streicheln Sie ihn langsam und zeigen ihm einfach, dass Sie da sind. Der Trennungsschmerz wird sehr schnell vorbei sein, da sich Welpen schnell an Ihr neues Zuhause gewöhnen und sich bald ganz geborgen und wohlfühlen.

Vergesellschaftung mit dem Ersthund

Wenn Sie schon einen Hund zu Hause haben und nun ein kleiner Welpe bei Ihnen einzieht, wird sich auch für Ihren Ersthund einiges verändern. Dabei spielt der Charakter des Hundes eine große Rolle, diesen kennen Sie sicher am besten und wissen, welche Bedürfnisse Ihr Hund hat. Dieser sollte nicht vernachlässigt werden, auf keinen Fall darf sich der erste Hund abgeschoben oder weniger geliebt fühlen, denn dann ist Konkurrenzverhalten vorprogrammiert.

Die erste Begegnung sollte auf einer neutralen Wiese stattfinden, damit beide Hunde sich in Ruhe beschnuppern können. Vielleicht war Ihr erster Hund auch schon mit in der Welpenstube, vielleicht war der Besuch aber auch nicht gewünscht von den Züchtern. In jedem Fall sollten Sie beiden Hunden genügend Zeit lassen, um die neue Situation meistern zu können. Ihr Welpe hat vielleicht noch nie andere Hunde außer seinen Geschwistern und seiner Mutter gesehen. Andere Rassen, die vielleicht noch ganz anders aussehen, können ihn schnell verunsichern. Auch Ihr erwachsener Hund muss sich vorsichtig an den Neuankömmling herantasten, testen, wie weit er gehen kann, und vorsichtig Kontakt aufnehmen.

Wenn die Begegnung draußen gut funktioniert hat, können Sie beide Hunde mit in Ihre Wohnung nehmen, wichtig ist dabei nur, dass es genügend Ausweichmöglichkeiten gibt, sodass sich die Tiere aus dem Weg gehen können. Auch sollten mindestens zwei Liegeplätze und Wassernäpfe vorhanden sein. Die Fütterung sollte am Anfang auch noch getrennt erfolgen, um Futterneid zu vermeiden. Rückzugsmöglichkeiten sind sehr wichtig, damit beide Tiere nicht gezwungenermaßen beieinander sein müssen.

Vielleicht haben Sie das Gefühl, dass Ihr Ersthund nicht ganz begeistert davon scheint, dass er ab jetzt sein Reich teilen muss. Bevorzugen Sie den Welpen nicht und schenken Sie beiden Hunden dieselbe Aufmerksamkeit. Schon bald wird sich Ihr Hund sicherlich freuen, einen neuen Spielgefährten zu haben.

Ältere Hunde benötigen dennoch viel Ruhe, dies muss der Welpe lernen zu akzeptieren. Daher ist es wichtig, die Ruhephasen des älteren Hundes zu akzeptieren, er darf dem Welpen dann auch zeigen, dass er jetzt nicht spielen möchte, wenn dieser ihn immer und immer wieder dazu animieren möchte. Allerdings sollte so etwas niemals aggressiv geschehen, damit der Welpe keine Angst entwickelt.

Sozialisierung des Welpen

In den ersten Wochen und Monaten im Leben eines Welpen macht er täglich neue Erfahrungen und lernt jeden Tag etwas Neues. Das ist auch sehr wichtig, denn nur durch viele unterschiedliche Erlebnisse kann die Sozialisierung des Hundes gelingen.

Doch die Fülle der neuen Eindrücke kann schnell überfordern, daher sollten Sie sehr behutsam und je nach Charakter Ihres Hundes vorgehen. Die Erkundung des eigenen Grundstückes, erste kurze Autofahrten, enge Freunde und Bekannte treffen und

Spaziergänge in die nahe Umgebung können schon in den ersten zwei Wochen stattfinden.

Aber auch das Kennenlernen elektronischer Geräte, wie Staubsauger, Spülmaschine, Waschmaschine und Föhn, welche alle ungewohnte Geräusche von sich geben, ist ein wichtiger Bestandteil in den ersten Wochen.

Da Ihr Hund auch bald zum Tierarzt muss, um die nötigen Impfungen zu erhalten, sollten Sie auch diesen Besuch vorher schon einmal geübt haben. Wenn der Hund nur für schmerzhafte Handlungen zum Tierarzt muss und der erste Kontakt mit einer unangenehmen Situation verknüpft wird, kann Ihr Hund schnell Angst entwickeln und dann wird jeder weitere Besuch zu einer Qual.

Je nachdem, wo Sie leben, bekommt Ihr Hund mehr oder weniger Verkehr mit, gerade, wenn Sie in einer ländlichen Gegend wohnen, können auch Autos und größere Lastwagen erst einmal Stress bei Ihrem Hund auslösen. Führen Sie ihn langsam an Straßen heran, erst an verkehrsberuhigte Bereiche, später dann auch an größere Straßen mit vielen, teilweise auch lauten Fahrzeugen.

Parkplätze vor Supermärkten, die Innenstadt und Restaurantbesuche können Sie ab der zwölften Woche auch langsam einführen. Auch der Bahnhof, eventuell der Flughafen und Straßenbahnen sollte der Welpe in dieser Zeit kennenlernen.

Andere Tiere, wie Schafe, Hühner, Pferde, Ziegen und Kühe, sollte Ihr Welpe auch frühzeitig entdecken, erst nur von Weitem und je nachdem, wie entspannt oder sogar interessiert Ihr Hund ist, können Sie auch langsam näher herangehen. Lassen Sie ihn dabei aber immer an der Leine, denn sollte er sich erschrecken, kann es sein, dass er kopflos davonrennt. Manche Hunde sind aber auch so forsch, dass sie direkt zu anderen Tieren hinrennen würden, was auch gefährlich werden kann.

Gehen Sie in kleinen Schritten vor, pro Tag reicht eine neue Erfahrung, sonst kann es schnell zu einer Reizüberflutung kommen. Die Ausflüge sollten auch nie zu lang sein, geben Sie Ihrem Hund genügend Zeit zur Erholung und zum Verarbeiten neuer Erfahrungen.

Bei der Sozialisierung ist es außerdem wichtig, dass Sie überlegen, wie stressresistent Ihr Hund sein sollte und mit welchen Situationen er problemlos zurechtkommen muss. Wohnen Sie in der Stadt und gehen öfter mal in ein Restaurant, wobei Ihr Hund Sie begleiten soll, sollten Sie solche Situationen vermehrt üben. Möchten Sie Ihren Liebling später mit zur Arbeit ins Büro nehmen, sollte er keine Angst vor anderen Menschen haben und Ihren Arbeitsalltag dort auch schon frühzeitig kennenlernen. Deshalb ist es wichtig, sich genau darüber Gedanken zu machen, welche Eigenschaften Ihr Hund braucht, um ein guter Begleiter in Ihrem Leben zu sein.

Autofahren sicher und stressfrei gestalten

Sicherlich wird Ihr Hund das eine oder andere Mal mit Ihnen im Auto mitfahren. Damit dies unkompliziert ablaufen kann, sollten Sie es vorher ausreichend oft üben. Überlegen Sie, wie Sie Ihren Hund im Auto transportieren wollen, ob in einer Box, im Kofferraum oder auch mit einem Gurt festgeschnallt. Hauptsache ist, dass der Hund ausreichend gesichert ist, damit er keine Gefahr darstellt und sich auch selbst nicht verletzen kann.

Am Anfang sollte sich der Hund das Auto genau ansehen dürfen, dann üben Sie die ersten Autofahrten, indem Sie sich in die Nähe des Hundes setzen, ihm beruhigend zusprechen und erst mal nur im stehenden Auto bleiben. Bleibt Ihr Hund entspannt, können Sie den Motor anmachen, bei der nächsten Übung fahren Sie ein Stück. Je nachdem, wie sich Ihr Hund verhält, können Sie die Strecke schon bald ausweiten. Vor allem vor längeren Fahrten sollte Ihr Hund nichts gegessen haben, da ihm ansonsten schnell schlecht werden könnte.

Erste Übungen für zu Hause

Sobald sich Ihr Welpe bei Ihnen wohlfühlt, sich frei bewegt, neugierig die Umwelt erkundet und einen munteren Eindruck macht, können Sie direkt anfangen, kleinere Übungen mit ihm zu machen. Erziehung beginnt vom ersten Tag an, machen Sie nicht den Fehler, erst ein paar Wochen zu warten, bevor Sie mit dem Training starten. Welpen lernen schnell, aber sie lernen auch viel Unsinn in kurzer Zeit, welcher dann wieder mühsam abtrainiert werden muss.

Ihr Hund soll ein angenehmer Begleiter sein, im besten Fall so, dass Sie ihn jederzeit fast überallhin mitnehmen können, dazu muss er von Anfang an wichtige Grundregeln lernen. Dabei sind ein liebevoller Umgang und Konsequenz sehr wichtig, damit Ihr Welpe genau weiß, was Sie von ihm möchten und jederzeit Freude hat, mit Ihnen zu üben.

DIE BEDEUTUNG DES NAMENS

Das erste und wichtigste Signal, welches Ihr Welpe sicher beherrschen sollte, ist, dass er seinen Namen kennt und darauf reagiert. Der Name soll grundsätzlich dazu dienen, die Aufmerksamkeit des Hundes zu bekommen, idealerweise sollte er Sie anschauen, sobald Sie seinen Namen rufen. Allerdings ist der Name kein Ersatz für weitere Signale, möchten Sie also, dass Ihr Hund zu Ihnen kommt, können Sie erst seinen Namen sagen und danach „Hier" rufen. Natürlich funktioniert das erst, wenn Sie das Signal „Hier" bereits eingeführt haben. Wichtig ist nur, dass der Name nur dazu dient, die Aufmerksamkeit zu bekommen, es ist nicht das Signal, etwas zu unterlassen, indem Sie den Namen mit einem etwas bestimmteren Unterton sagen und auch nicht, dass Ihr Hund kommen soll, auch wenn Sie ihn beim Rufen etwas in die Länge ziehen. Jedes Signal muss einzeln aufgebaut werden und mit einer ganz bestimmten, definierten Tätigkeit verbunden sein.

Starten Sie das Training immer in einer ruhigen, reizarmen Umgebung. Sobald Ihr Hund sich mit etwas anderem als mit Ihnen beschäftigt und Sie auch nicht anschaut, können Sie seinen Namen sagen. Reagiert er auf Ihre Ansprache, können Sie ihn direkt belohnen und ihn loben. Sie können auch anfangen, mit Ihrem Welpen zu spielen, wichtig ist nur, dass er seinen Namen immer mit etwas Positivem verknüpft. Diese Übung können Sie mehrmals täglich wiederholen, funktioniert sie in der Wohnung sehr zuverlässig, können Sie die Ablenkung langsam erhöhen.

Achtung: Rufen Sie oder Ihre Kinder den Namen des Hundes zu oft und es erfolgt keine prompte positive Reaktion Ihrerseits, wenn er darauf reagiert, verliert der Name für den Hund an Bedeutung und er reagiert irgendwann gar nicht mehr darauf. Deshalb sollten Sie gerade am Anfang den Namen nicht zu häufig sagen und wenn, dann immer mit einer entsprechenden Belohnung.

SITZ, PLATZ, SCHAU UND BLEIB

Diese Grundübungen sind schnell gelernt und eine Grundvoraussetzung für das Üben weiterer Kommandos. Auch diese Übungen sollten Sie zunächst in einer ablenkungsfreien Umgebung machen, damit Ihr Welpe sich vollkommen auf Sie konzentriert.

Um Ihrem Welpen „Sitz" beizubringen, zeigen Sie ihm erst ein Leckerchen und halten es über seinen Kopf, sobald er Interesse daran zeigt. Nun wird er versuchen, das Leckerchen zu bekommen, sollte er es mit den Pfoten probieren oder hochspringen, bleibt Ihre Hand geschlossen. In dieser Situation warten Sie einfach, bis sich Ihr Hundekind hinsetzt. In diesem Moment sagen Sie „Sitz" und geben ihm das Leckerchen. Wiederholen Sie die Übung ruhig mehrmals am Tag, schon bald können Sie diese auch mit einem Handzeichen verbinden. Sagen Sie aber am Anfang erst „Sitz", wenn Ihr Welpe auch wirklich sitzt, nicht wenn er springt, denn er muss das Signal erst mit der Handlung verbinden, sonst knüpft er womöglich falsche Verbindungen.

Als nächste Übung können Sie „Platz" trainieren. Dabei halten Sie auch ein Leckerchen vor seine Nase, am besten, wenn Ihr Welpe gerade sitzt. Nun wird er wieder versuchen, an das Futter zu gelangen. Sobald er sich hinlegt, belohnen Sie ihn damit. Nach einigen Malen können Sie sein Hinlegen auch mit dem Signal „Platz" kommentieren. Das wiederholen Sie mehrmals am Tag, nach wenigen Tagen reicht es aus, dass Sie „Platz" sagen, damit sich Ihr Welpe hinlegt, aber dafür muss er die Handlung mit dem Signal verknüpft haben.

In manchen Situationen im Alltag ist es sinnvoll, die Aufmerksamkeit Ihres Hundes zu bekommen, dafür eignet sich das Signal „Schau". Dafür haben Sie diesmal auch ein Leckerchen in der Hand, aber zeigen es Ihrem Welpen nicht, stattdessen machen Sie ein spannendes Geräusch, während Ihr Hund gerade mit etwas anderem beschäftigt ist, damit er Sie daraufhin anschaut. In diesem Moment geben Sie ihm das Leckerchen. Die nächsten Male können Sie immer, wenn Ihr Hund Sie anschaut, „Schau" sagen und ihm dann das Leckerchen geben. Die Belohnung muss aber unbedingt dann gegeben werden, wenn Ihr Hund Sie anschaut, nicht erst, wenn er wieder woanders hinschaut.

Wahrscheinlich wird Ihr Hund, nachdem er sich hingesetzt oder hingelegt hat, direkt wieder aufstehen, nachdem er seine Belohnung bekommen hat. Nun soll er lernen, in einer Position und an einer Stelle zu bleiben, auch wenn Sie sich entfernen.

Dafür lassen Sie Ihren Hund beispielsweise sitzen und geben ihm nicht nur ein Leckerchen, sondern mehrere hintereinander, damit er für längere Zeit sitzen bleibt. Bald können Sie die Leckerchen weglassen und erst, wenn Sie das Kommando auflösen und zum Beispiel „Lauf" sagen, darf sich Ihr Hund wieder frei bewegen.

Damit Ihr Hund sitzen bleibt, auch wenn Sie sich entfernen, laufen Sie zuerst auf der Stelle. Wenn er dabei ruhig sitzen bleibt, belohnen Sie ihn. Dann gehen Sie einen kleinen Schritt weg, dann einen größeren, bis Sie den Abstand erhöhen können. Wichtig ist, dass der Hund für jedes Bleiben belohnt wird, also dass Sie immer wieder zu Ihrem Welpen zurückgehen, ihn belohnen und ihn dann wieder laufen lassen. Wenn Sie sich von Ihrem Welpen entfernen, er sitzen bleibt und Sie ihn dann zu sich rufen, wird er für den Rückruf belohnt und nicht dafür, dass er sitzen geblieben ist. Sie können die Übung auch erschweren, indem Sie auf der Stelle hüpfen, ein Stück wegrennen oder sich mal kurz außer Sichtweite des Welpen begeben.

Passen Sie sich immer dem Lerntempo Ihres Welpen an, wenn Sie einen Schritt zu schnell sind, weiß Ihr Hund nicht mehr, was Sie von ihm möchten. Dann sollten Sie wieder mit einer leichteren Übung anfangen. Denn nur, wenn Ihr Hund Erfolgserlebnisse hat, wird er weiterhin gern mit Ihnen trainieren. Auch die Zeit des Trainings darf nicht zu lang sein. Welpen können sich anfangs nur für wenige Minuten konzentrieren, deshalb sollten Sie lieber mehrmals am Tag, aber dafür relativ kurz üben.

BEISSHEMMUNG ERLERNEN

Dass Ihr Hund weder zwicken noch knabbern oder gar beißen darf, sollte eine Selbstverständlichkeit sein. Doch beim Toben mit den Geschwistern ist es noch üblich, dass sich mal gegenseitig gezwickt oder auch mal mit den Zähnen gespielt wird. Doch auch dort lernt der Welpe, wann es zu doll ist, indem der andere Hund anfängt zu quietschen. Daraufhin sollte er gelernt haben, dass das Spiel direkt vorbei ist und er vorsichtiger sein muss. Die meisten Welpen werden aber auch vor Ihren Händen oder Kleidungsstücken nicht stoppen und die spitzen Welpenzähne können auch dort mal zum Einsatz kommen. Der Welpe muss schon von Anfang lernen, dass Hände, Schuhe, Taschen, Schnürsenkel, Kinder, Füße und Schuhe absolut tabu für ihn sind. Menschenhaut ist empfindlicher als das dicke Fell der Geschwisterchen, aber diesen Unterschied muss Ihr Hund erst einmal lernen. Dafür muss er die Grenze lernen, wann es zu viel wird, so wie seine Geschwister anfangen zu quietschen, können Sie auch einen kurzen Schmerzschrei von sich geben oder direkt das Spiel abbrechen, sollte Ihr Hund anfangen, seine Zähne zu benutzen. Entfernen Sie sich von Ihrem Hund und ignorieren Sie ihn, das ist für ihn keine schöne Erfahrung, aber so lernt er sehr schnell, wann das Spiel zu wild ist und was die Konsequenz davon ist. Sobald er Ihre Reaktion, nämlich die Beendigung des Spieles mit seinem Verhalten, dem Einsatz seiner Zähne, verknüpft hat, wird er das unerwünschte Verhalten bald abstellen.

Sollte Ihre Ignoranz keinen Erfolg haben, sollten Sie sich mit einem Trainer in Verbindung setzen, es sei denn, Sie wissen, wie Sie den Schnauzgriff richtig anwenden müssen und können Ihrem Welpen damit zeigen, wann er die Grenze überschreitet.

ALLEIN BLEIBEN

Wahrscheinlich haben Sie sich Urlaub genommen, um in den ersten Wochen möglichst rund um die Uhr bei Ihrem Welpen sein zu können. Das ist auch gut so, damit Ihr Hund nicht direkt in einer neuen Umgebung auf sich allein gestellt ist und erst mal Vertrauen zu

Ihnen aufbauen kann. Aber es kommen auch Zeiten, in denen Sie nicht mehr dauerhaft bei Ihrem Hund sein können, wenn Sie beispielsweise nicht von zu Hause arbeiten können oder Termine haben, zu denen Ihr Liebling nicht mitkommen kann. Deshalb ist es wichtig, dass Alleinbleiben von Anfang an mit Ihrem Welpen zu üben, damit es später keine Probleme gibt. Denn wenn Ihr Hund gestresst ist, sobald niemand zu Hause ist, und Sie Angst haben, dass er dann Ihre komplette Wohnung auseinandernimmt, haben Sie keine ruhige Minute mehr und sind dauerhaft angespannt, solange Sie außer Haus sind.

Die wichtigste Voraussetzung dafür, dass Ihr Hund allein bleiben kann, ist, dass Sie ihm beibringen, entspannt auf seiner Decke liegen zu bleiben. Am Anfang wird Ihr Welpe Ihnen auf Schritt und Tritt folgen, bis er gelernt hat, auf seinem Platz zu bleiben, bis Sie wiederkommen. Anfangs warten Sie, bis Ihr Hund entspannt liegt, bis Sie später einige Schritte weggehen und wenn das gut klappt, können Sie üben, den Raum zu verlassen.

Natürlich muss Ihr Hund nicht die ganze Zeit an einem Ort liegen, während Sie nicht da sind, allerdings lernt er durch die Übung, auf seiner Decke zu bleiben, dass Sie immer wiederkommen. Schon bald können Sie auch kurz das Haus verlassen, sich vor die Tür stellen, Post aus dem Briefkasten holen oder den Müll entsorgen. Bleiben Sie nicht zu lange weg, bauen Sie das Alleinbleiben ganz langsam auf, aber üben Sie es mehrmals am Tag, so gewöhnt sich Ihr Hund ganz schnell daran, dass es nicht schlimm ist, wenn Sie mal nicht bei ihm sind. Wenn Sie wieder zu ihm kommen, freuen Sie sich nicht übertrieben, ihn wiederzusehen, sondern beachten Sie ihn erst mal gar nicht. Ansonsten könnte Ihr Hund eine gewisse Erwartungshaltung aufbauen und fieberhaft darauf warten, dass Sie wiederkommen und er dann ganz viel Aufmerksamkeit bekommt. Bleiben Sie stattdessen ruhig, so wird das Alleinbleiben kein großes Ereignis.

Wenn Ihr Hund entspannt ist, während Sie mal kurz außer Sichtweite sind, können Sie die Zeit ganz langsam steigern, in der Sie nicht da sind. Erst wenige Sekunden, dann mal eine Minute, bis Sie irgendwann bei 15 Minuten angekommen sind. Sollte Ihr Hund diese Zeitspanne gut ertragen können, hat er das Alleinbleiben meist schon gelernt. Während Sie nicht da sind, können Sie auch eine Kamera aufstellen, so können Sie später sehen, wie sich Ihr Welpe während der Zeit verhalten hat. Im Normalfall sollten Sie aber bereits an seinem Verhalten sehen, ob er entspannt oder sehr aufgeregt und gestresst wirkt, wenn Sie das Haus wieder betreten.

Sollte dies einmal der Fall sein, starten Sie wieder bei wenigen Sekunden und bauen Sie die Zeit diesmal noch langsamer auf, dann waren die Zeitabstände für Ihren Hund zu lang.

Vor jedem Training sollte Ihr Welpe draußen gewesen ein, einerseits, damit er etwas müde und ausgepowert ist, aber auch, damit er sich vorher lösen konnte und grundsätzlich in einer entspannten Stimmung ist.

Grenzen zu setzen, ist wichtig

Nicht nur Kinder, sondern auch Welpen müssen lernen, dass sie bestimmte Grenzen nicht überschreiten dürfen. Nur, wenn diese Grenzen klar geregelt sind, ist ein harmonisches Zusammenleben möglich. Beißhemmung ist ein wichtiger Bestandteil davon, gespielt wird nur, wenn keine Zähne zum Einsatz kommen, weder in Kleidungsstücke noch in Hände oder Füße darf der Welpe beißen. Bei anderen unerwünschten Verhaltensweisen können Sie Ihren Hund auch ignorieren und das Problem dadurch sozusagen aussitzen.

Das ist besonders hilfreich, wenn Ihr Hund Sie anbellt, winselt oder immer wieder anspringt, um sie zum Spielen aufzufordern. Gehen Sie nicht darauf ein und ignorieren Sie ihn am besten. Aufmerksamkeitsentzug ist in diesem Fall zwar unangenehm, aber dadurch wird Ihr Hund irgendwann von selbst aufhören, da er merkt, dass er so nicht weiterkommt.

Außerdem ist es sinnvoll, ein Signal einzuführen, welches für den Hund bedeutet, dass er etwas nicht darf. „Nein" wird im Alltag viel zu oft gesagt und ist daher in der Hundeerziehung ungeeignet. Das Signal darf nämlich nicht ständig kommen, sondern nur in wirklich ungewünschten Situationen. Beispielsweise, wenn Ihr Hund gerade die Zeitung vom Tisch klaut, schauen Sie ihn direkt an und sagen zum Beispiel „Tabu".

Zur Verstärkung dieses Signals können Sie auch den Schnauzgriff anwenden, dabei fassen Sie einmal etwas fester mit der ganzen Hand über den Fang des Hundes. Es gibt auch Verhalten, welches zu bestimmten Zeiten erwünscht ist, aber manchmal auch einfach unpassend und der Hund soll mit einer Handlung unverzüglich aufhören. Dafür sollte auch ein Kommando eingeführt werden, wie zum Beispiel „Schluss". Im Übrigen ist es völlig egal, welches Wort Sie für welches Signal wählen, Sie können auch „Waschmaschine" sagen, wenn Sie möchten, dass Ihr Hund sich dreht, dann müssen Sie dieses Wort aber jedes Mal sagen und dass Kommando von Anfang an so aufbauen. Soll Ihr Hund mit etwas aufhören, können Sie beispielsweise mitten im Spiel eine deutliche Handbewegung machen, dabei „Schluss" sagen, das Spiel direkt unterbrechen und auf keine Animierungsversuche mehr eingehen. Bellt Ihr Hund Sie dann an, ignorieren Sie ihn mindestens so lange, bis er sich beruhigt hat.

Spaziergänge spannend gestalten

E gal, wo Sie leben, die ersten Spaziergänge sind ein großes Abenteuer für den kleinen Welpen, alles ist neu, aufregend und spannend. Deshalb ist auch so wichtig, den Welpen in den ersten Wochen auf keinen Fall zu überfordern, doch nach einigen Wochen sind die meisten Hunde bereit für etwas größere Ausflüge. Spaziergänge durch den Wald, über Felder und Wiesen sind dabei ganz besonders beliebt.

Die Natur ist für den Hund schon spannend genug, aber noch interessanter können Spaziergänge gestaltet werden, wenn Sie beispielsweise Suchspiele einbauen. Das fordert den Welpen auch geistig heraus. Sie können zum Beispiel einen Futterbeutel an unterschiedlichen Orten verstecken, wie zum Beispiel hinter Baumstämmen, an der Rinde oder im hohen Gras. Ihr Welpe wird sicher viel Spaß bei der Suche haben und freut sich über eine Belohnung, wenn er den Beutel gefunden hat. Alternativ können Sie auch Futter im Gras verteilen, welches der Welpe suchen kann, je höher das Gras, umso schwieriger wird die Aufgabe.

Ansonsten klettern Hunde gern über Baumstämme, toben über Felder oder spielen am Wasser, alles, was die Natur hergibt, kann genutzt werden und bringt Halter und Hund näher zusammen, da gemeinsame Erlebnisse wichtig sind für eine enge Beziehung.

Eine gute Welpengruppe finden

Welpen brauchen soziale Kontakte, denn das Raufen und Spielen mit den Geschwistern ist auf einmal nicht mehr möglich, was allerdings wichtig ist, um die sozialen Kompetenzen zu fördern. Daher darf der Kontakt zu Artgenossen auf keinen Fall fehlen.

Viele Hundeschulen bieten sogenannte Welpengruppen an. In solchen Kursen kann Ihr Hund mit gleichaltrigen Welpen spielen, lernt somit den

Umgang mit Artgenossen und entwickelt ein respektvolles Sozialverhalten. Die Gruppengröße, sollte bei fünf bis sechs Hunden liegen, damit der begleitende Hundetrainer alle im Auge behalten kann. Meistens werden auch Grundsignale geübt, der Hundehalter lernt, hündisches Verhalten einzuschätzen, und hat einen Ansprechpartner bei Alltagsproblemen. So lernen Sie von Anfang an, wie Sie Ihren Hund beobachten, einschätzen und wie sie auf bestimmte Probleme reagieren können.

Zum Start der Welpengruppe ist ein Alter von 8 bis 16 Wochen optimal, so haben Sie von Anfang an eine optimale Begleitung und Beratung.

Neben Grundübungen wie „Sitz", „Platz" und „Bleib", werden auch erste Rückrufübungen durchgeführt, denn das sind die Grundvoraussetzungen für die weitere Erziehung. Erst, wenn diese Basics in jeder Situation funktionieren und der Hund die Übungen sicher beherrscht, können Sie nach und nach weitere Kommandos und Tricks mit ihm trainieren. Gehen Sie dabei langsam vor und überfordern Sie ihn nicht, denn die vielen Anforderungen brauchen einige Zeit, um verarbeitet zu werden. Deshalb gibt es zwischen dem Training auch immer Spielpausen für die Welpen, die auch zur Erholung dienen, denn Kopfarbeit ist sehr anstrengend und fordert Ihren Liebling stark.

Selbstverständlich dürfen Welpen auch mit gut sozialisierten, erwachsenen Hunden spielen, da dies auch eine gute Lernmöglichkeit darstellt. Hunde lernen durch Beobachtung und Nachahmung, sie lernen von erwachsenen Hunden, was respektvolles Verhalten heißt und wie man sich unterordnet. Der ausgewachsene Hund darf aber keinerlei aggressives oder zu grobes Verhalten zeigen, denn schlechte Erfahrungen in der Welpenzeit sind später schwer wiedergutzumachen. Schlimmstenfalls wird Ihr Welpe Angst vor anderen Hunden entwickeln, die sich immer schwerer beheben lässt.

Wie viel Schlaf braucht ein Welpe?

Sicher wollen Sie Ihrem Welpen viel zeigen und vieles mit ihm erleben und das ist auch gut so, denn Ihr Welpe soll im frühen Alter möglichst viele verschiedene Erfahrungen machen, um später keine Ängste zu entwickeln. Doch ein Welpe braucht sehr viel Schlaf, um die ganzen neuen Reize, die täglich auf ihn einströmen, verarbeiten zu können.

Adulte Hunde schlafen zwischen 12 und 14 Stunden pro Tag, Welpen sogar bis zu 22 Stunden. Diese Ruhephasen brauchen Sie auch, Entspannung ist sehr wichtig, auch, um später keinen hyperaktiven Hund zu haben, welcher nie gelernt hat, was Ruhe bedeutet.

Vor allem Kindern fällt es schwer, den Welpen auch mal für sich zu lassen, ohne ihn zu streicheln und mit ihm spielen zu können. Aber der Ruheplatz des Welpen sollte wirklich ein Rückzugsort darstellen, an dem er nicht gestört werden soll. Welpen brauchen den Schlaf, da sie jeden Tag neue Erlebnisse haben, diese fordern ihn stark und die Regenerationszeit ist ganz wichtig.

Wie weit kann ein Welpe laufen?

Gehen Sie am Anfang möglichst sehr kurze Runden, die kleinen Beine schaffen noch keine großen Entfernungen. Eine gute Faustregel ist, wenn Sie die Länge etwa anhand des Alters des Hundes bestimmen. Dabei ist es sinnvoll, pro Wochenalter eine Minute spazieren zu gehen. Das wären bei einem 9 Wochen alten Hund gerade einmal 9 Minuten.

Das gibt Ihnen eine gute Orientierung, damit der Welpe nicht überfordert wird. Sollten Sie doch mal längere Strecken zurücklegen müssen, können Sie Ihren

Welpen auch problemlos tragen. Mit einigen Monaten sind die Hunde schon deutlich belastbarer und freuen sich auch über ausgedehntere Runden. Doch dabei sollten die Länge und Häufigkeit der Spaziergänge nicht übertrieben werden. Hunde im Wachstum sollten auch noch nicht am Fahrrad laufen, generell ist langes Laufen nicht so förderlich für die Knochen und Muskeln, wie beispielsweise Spielen mit Artgenossen.

Verzichten Sie der Gesundheit des Hundes zuliebe in den ersten Monaten auf stundenlange Wanderungen ebenso wie auf Radtouren.

Sollten Sie vorhaben, Ihren Hund später am Fahrrad laufen zu lassen, können Sie ihn trotzdem schon neben dem Rad laufen lassen, während Sie dieses schieben. So lernt der Hund, dass er auf einer Seite bleiben muss und dass er nicht ins Rad laufen darf. Vor einem Jahr sollte kein Hund am fahrenden Rad mitlaufen und auch danach muss ein Muskelaufbau langsam erfolgen. Fahren Sie niemals zu schnell und planen Sie genügend Pausen ein, in denen sich Ihr Hund erholen kann.

Eine geeignete Ernährung als Grundlage für langjährige Gesundheit

Dieses Thema ist immer noch sehr stark diskutiert und durch die Masse an unterschiedlichen Futtersorten und Ernährungsarten gibt es auch immer mehr unterschiedliche Meinungen darüber.

Ob nun Nassfutter, Trockenfutter oder Rohfutter das Beste für Ihren Hund ist, müssen Sie ganz allein entscheiden, denn dafür gibt es keine generelle Empfehlung. Sollten Sie zu Trockenfutter tendieren, ist es wichtig, dass dieses vor allem aus Fleisch, Gemüse und Kartoffeln beziehungs–weise Reis besteht. Ungeeignet ist Trockenfutter, welches zum Großteil Getreide enthält, dies ist oft bei sehr günstigen Varianten der Fall. Möchten Sie lieber Nassfutter geben, sollten Sie ebenfalls auf die Inhaltsstoffe schauen und darauf achten, dass Ihr Hund regelmäßig etwas Hartes zum Kauen bekommt, da sonst Zahnstein die Folge von zu wenig Kauleistung sein kann.

Es gibt auch die Möglichkeit, das Futter des Hundes selbst zusammenzustellen. Dies ist aber gar nicht so einfach, da Sie sich vorher genau informieren müssen, welche Inhaltsstoffe ein Hund benötigt. Bei Ihrem Tierarzt können Sie sich weitere Informationen einholen oder sich mithilfe von Ernährungsratgebern für Hunde weiter über dieses Thema informieren.

FUTTERUMSTELLUNG

Die meisten Züchter werden Ihnen für die ersten Tage das gewohnte Futter mitgeben, damit Ihr Welpe sich nicht direkt an anderes Futter gewöhnen muss, oder aber er informiert Sie vorher genau, was er gefüttert hat, damit Sie diese Sorte auch besorgen können.

Wechseln Sie das bekannte Futter nicht zu schnell und geben Sie Ihrem Welpen Zeit, sich an sein neues Heim zu gewöhnen. Bei einer zu schnellen Umstellung reagieren viele Hunde mit Durchfall und Übelkeit, da der Magen sehr empfindlich ist. Möchten Sie auf ein anderes Futter umstellen, ist dies natürlich kein Problem, am besten beginnen Sie damit in der zweiten Woche. Mixen Sie dafür das neue Futter in anfangs kleinen Portionen unter das bekannte Futter. So können Sie sehen, wie Ihr Hund darauf reagiert. Nach und nach können Sie die Menge immer weiter erhöhen, bis Sie schließlich ganz auf das neue Futter umgestellt haben.

Achten Sie darauf, dass Sie Welpenfutter kaufen, da die Nährstoffe genau auf die Bedürfnisse des wachsenden Hundes abgestimmt sind. Hunde im Wachstum brauchen eine andere Zusammensetzung des Futters als erwachsene Tiere, da Ihr Nährstoffbedarf noch wesentlich höher ist.

Da es sehr viele verschiedene Marken gibt, ist die Empfehlung für eine Futtersorte sehr schwierig. Gutes Futter zeichnet sich durch einen hohen Fleischanteil aus, damit sind aber keine tierischen Nebenerzeugnisse gemeint. Mittlerweile gibt es sogar Fleisch in Lebensmittelqualität, aber egal, welches Futter Sie wählen, Zusatzstoffe, Zucker und Getreide sollte in einer guten Hundenahrung nicht enthalten sein, da dies für den Hund nicht verwertbar und ungesund ist.

Grundsätzlich braucht Ihr Welpe am Anfang drei Mahlzeiten am Tag, damit die benötigte Nährstoffmenge erreicht werden kann. Die Mahlzeiten sollten auch nicht zu üppig ausfallen und natürlich kann sich Ihr Welpe einen Teil seines Futters auch erarbeiten, indem Sie ihn während der Trainingszeiten damit belohnen.

Was darf mein Hund nicht fressen?

Alles, was giftig für einen Hund ist, sollte auf keinen Fall in die Nähe des Tieres kommen, da die Gefahr zu groß ist, dass der Hund doch mal unbemerkt etwas Schädliches frisst, was schlimme Folgen haben kann.

Zu den giftigen Zimmerpflanzen gehört beispielsweise Efeu, Alpenveilchen, Farne, Wandelröschen, Clivia und Bogenhanf. Doch das sind längst noch nicht alle, überprüfen Sie daher jede Pflanze, ob diese ein

Gesundheitsrisiko für Ihren Liebling darstellen könnte. Wie anfangs erwähnt, lauern auch im Garten einige Gefahren. Pflanzen wie Blauregen, der Buchsbaum, Fingerhut, Goldregen, Maiglöck–chen, Narzissen, Tulpe und Tollkirsche sollten möglichst aus dem Garten entfernt werden.

Auf Spaziergängen in Wald und Wiesen sollten Sie auch darauf achten, dass Ihr Hund nichts frisst, besonders gefährlich werden können Wildpflanzen wie Bärlauch, Bilsenkraut, Hahnenfuß, Hundspetersilie, Riesenbärenklau, Schierling, Schöllkraut und Wasserschierling.

Aber nicht nur einige Pflanzen können für Hunde lebensgefährliche Folgen haben, auch im Haushalt sollten Sie Acht geben, dass Ihr Vierbeiner keine Chance hat, etwas Schädliches zu finden. Neben Alkohol, Schokolade und Butter sollte der Hund auch keine Avocado, rohe Erbsen, Hülsenfrüchte, rohe Kartoffeln, grüne Paprika, rohes Schweinefleisch und keine Macadamianüsse futtern.

Weintrauben und Rosinen können beim Hund zu Nierenversagen führen. Kakao und Schokolade enthält Theobromin, welches stark stimulierend auf den Kreislauf wirkt und bis zu einem Kollaps führen kann.

Koffein und Theophyllin, welche unter anderem vor allem in Kaffee, schwarzem Tee und Cola enthalten sind, wirken auch sehr anregend auf den Kreislauf. In Zwiebeln und Knoblauch enthaltende Stoffe können bei Hunden zu einer Hämolyse führen.

Nicht alles, was für uns Menschen gesund und lecker ist, ist auch für Tiere gut. Versteckte Gefahren können schnell ein schlimmes Ende nehmen. Immer mehr Menschen ernähren sich gesundheitsbewusst, wollen Kalorien einsparen und nutzen zum Süßen von Kuchen und Nachspeisen einen Zuckeraustauschstoff, der sich Xylit oder auch Birkenzucker nennt. Dieser Stoff ist außerdem auch in Lebensmitteln für Diabetiker enthalten, wie beispielsweise in zuckerfreien Bonbons, Kaugummis, aber auch in Zahnpasta. Beim Hund löst Xylit einen enormen Insulinanstieg aus, was wiederum dazu führt, dass der Blutzuckerspiegel lebensbedrohlich abfällt und infolgedessen unter anderem die Leber so schwer geschädigt wird, dass Hunde in kurzer Zeit an Leberversagen versterben können. Bereits minimale Mengen von 0,1 Gramm Xylit pro Kilogramm Körpergewicht können den Hund das Leben kosten.

Medikamente, wie beispielsweise Ibuprofen, darf Hunden niemals verabreicht werden, sollte Ihr Hund gesundheitliche Auffälligkeiten zeigen, informieren Sie immer einen Tierarzt und behandeln Sie ihn auf gar keinen Fall mit Medikamenten, die nicht für Tiere gedacht sind.

Auch Frostschutzmittel, Insektizide, Pflanzenschutzmittel, Reinigungsmittel und Dünger sollten außer Reichweite des Hundes gelagert werden.

GIFTKÖDER

Die Gefahr kann leider überall lauern, immer wieder gibt es Menschen, die ein großes Problem mit Hunden haben und diesen Hass an den Tieren auslassen möchten. Giftköder werden immer häufiger gefunden, egal, ob in der Stadt oder im Dorf, überall leben Menschen, die Tiere scheinbar nicht mögen. Sollte Ihnen etwas Ungewöhnliches auffallen, wie Fleischstücke, Brot, Frikadellen oder Wurst, sollten Sie so etwas direkt entfernen.

Neigt Ihr Hund dazu, alles auf dem Boden aufzunehmen, müssen Sie ihn während des Freilaufs stets im Auge behalten, damit Sie schnell eingreifen können, wenn er etwas entdeckt. Melden Sie einen potenziellen Giftköderfund immer der Polizei. Sollte Sie die Befürchtung haben, dass Ihr Hund etwas Falsches gefressen haben könnte, nehmen Sie nach Möglichkeit die Reste mit, damit der Tierarzt diese in ein Labor einschicken kann, und bringen Sie Ihren Hund unmittelbar in tierärztliche Behandlung.

Je nach Art der Vergiftung kann es zu unterschiedlichen Symptomen kommen, grundsätzlich stellen Erbrechen, Speicheln, Durchfall, Bauchschmerzen, Apathie, aber auch starke Unruhe immer Alarmsignale dar, die sofort beim Tierarzt abgeklärt werden müssen. Lebensbedrohliche Symptome treten meist ein bis zwei Stunden nach Aufnahme auf, können aber auch manchmal erst nach Tagen bemerkbar werden. Ausgelöste Krämpfe, Herzkreislaufbeschwerden, starke Atemprobleme, Schwäche, Lähmungen und komatöse Zustände können innerhalb kurzer Zeit zu einem qualvollen Tod führen.

Fellpflege für den Hund

Welpen haben noch kurzes und weiches Fell, welches anfangs noch kaum Pflege benötigt. Trotzdem schadet es nicht, den Hund schon frühzeitig an das Bürsten zu gewöhnen, damit er später keine Angst davor hat und sich nicht wehrt. Bei der Fellpflege können Sie Ihren Hund ganz genau abtasten und bemerken Fell- und Hautveränderungen sehr schnell. Ohnehin ist es wichtig, dass sich Ihr Hund von Ihnen überall anfassen lässt, denn das ist für Tierarztuntersuchungen und

Behandlungen sehr wichtig, damit diese problemlos ablaufen können.

Auch ein Abduschen kann unter Umständen nötig werden, wenn es draußen sehr matschig ist oder Ihr Hund sich in Abfällen oder Kot gewälzt hat. Umso früher sich der Hund an Pflegemaßnahmen gewöhnt, umso weniger Probleme hat er später damit und das wiederum mindert den Stress für beide Seiten.

Krankheiten frühzeitig erkennen

Vorsorge ist besser als Nachsorge, das gilt nicht nur für Menschen, sondern auch für Tiere. Mit der Zeit lernen Sie Ihren Welpen immer besser kennen und können ihn gezielt beobachten, um Veränderungen frühzeitig zu bemerken. Ein gesunder und fitter Welpe ist neugierig, bewegungs- und spielfreudig, isst und trinkt ausreichend und hat normale Ausscheidungen.

Sollte Ihnen aber auffallen, dass Ihr Welpe auf einmal keinen Appetit mehr zeigt, ungewöhnlich viel trinkt, schnell müde und erschöpft ist, sich schwer zum Spielen animieren lässt, an Durchfall und/oder Erbrechen leidet, sollten Sie sehr schnell einen Tierarzt aufsuchen.

Den Maulbereich, die Ohren, Pfoten, Krallen und das Fell können Sie selbstständig regelmäßig untersuchen. Beim Messen der Körpertemperatur ist allerdings etwas mehr Übung notwendig. Sinnvollerweise kaufen Sie dazu ein digitales Fieberthermometer, welches Sie Ihrem Hund erst mal zeigen und ihn daran schnuppern lassen. Führen Sie es dann langsam an ihn heran, damit er merkt, dass ihm nichts Schlimmes passiert. Dabei können Sie ihn auch immer wieder belohnen, dadurch verknüpft er die Untersuchung mit etwas Positiven und ist weniger skeptisch. Wenn Sie dann langsam das Fieberthermometer in den After des Hundes einführen, sollte beim ersten Mal noch eine zweite Person dabei sein, die den Welpen festhalten kann. Idealerweise sollte er sich aber nicht allzu sehr wehren, sondern soll lernen, stillzuhalten, dann geht die Untersuchung auch ganz zügig. Seien Sie immer sehr vorsichtig und behutsam, damit Sie Ihren Welpen nicht verletzen. Beim ersten Üben führen Sie das

Thermometer nur sehr kurz ein und dann wieder heraus, mit der Zeit können Sie es dann länger drin lassen. Loben und eine ganze besondere Belohnung danach nicht vergessen, denn das bestärkt den Welpen, dass er etwas richtig gemacht hat, und er vergisst direkt, was ihm nicht so gut gefallen hat.

Die optimale Körpertemperatur beim Hund ist je nach Alter und Größe des Hundes verschieden und generell höher als beim Menschen.

Physiologische Körpertemperatur beim Welpen: 39,0 bis 39,5 Grad Celsius

Physiologische Körpertemperatur erwachsener Hund einer kleinen Rasse: 38,5 bis 39,0 Grad Celsius

Physiologische Körpertemperatur erwachsener Hund einer großen Rasse: 38,0 bis 38,5 Grad Celsius

Sollte die Temperatur um 0,5 Grad Celsius erhöht sein, ist bereits von Fieber die Rede und ab 40 Grad Celsius sollte der Hund immer einem Tierarzt vorgestellt werden. Generell, falls Ihnen etwas komisch vorkommt oder sich Ihr Hund anders als gewöhnlich verhält, sollten Sie immer einen Tierarzt aufsuchen, um die Ursache zu klären.

ENTWURMEN DES WELPEN

Da besonders junge Hunde dazu neigen, alles aufzunehmen, auch Ausscheidungen und Abfälle, ist es wichtig, dass sie regelmäßig entwurmt werden. Wurmeier sind nicht selten, selbst an Schuhen, welche dann im Haus stehen, können Wurmeier dran sein, welche der Hund aufnehmen könnte.

Die Wurmeier können die Organe schädigen und innere Entzündungen des Darms auslösen, Blutverlust und Folgeerkrankungen können daraus resultieren.

Deshalb werden die Welpen schon beim Züchter entwurmt, meistens viermal, bevor er zu Ihnen kommt. Nämlich mit der zweiten Woche, mit 4 Wochen, mit 6 Wochen und kurz vor seinem Auszug noch mal. Zwei Wochen, nachdem der Welpe bei Ihnen eingezogen ist, sollte er dann noch mal entwurmt werden, die meisten Tierärzte empfehlen dann einen Rhythmus von etwa drei Monaten bis zur nächsten Entwurmung.

Eine Wurmkur schützt nicht vor einem Wurmbefall, aber sie verhindert, dass sich die Würmer vermehren können, und vernichtet die abgelegten Eier.

Möchten Sie nicht, dass Ihr Hund so viel Chemie zu sich nehmen muss, können Sie als Alternative dazu auch regelmäßig, das heißt alle drei Monate, den Kot Ihres Hundes auf Würmer untersuchen lassen. Dafür sammeln Sie an drei aufeinanderfolgenden Tagen jeweils etwas Kot ein, sammeln diese Proben und bringen Sie zu Ihrem Tierarzt. Dieser wird die Probe dann in ein Labor einschicken und dort wird der Kot auf einen möglichen Wurmbefall untersucht. Dies ist im Normalfall vergleichbar so teuer wie eine Wurmkur, daher können Sie sich entscheiden, welche Variante Ihnen besser gefällt. Sollte im Labor allerdings ein Wurmbefall festgestellt werden, kommen Sie um eine Wurmkur nicht herum, aber Sie ersparen Ihrem Hund unnötige chemische Behandlungen.

Tierarztbesuche sollten regelmäßig geübt werden, damit der Hund keine Scheu entwickelt und merkt, dass nicht immer Schmerzen damit verbunden sind. Wenn Sie also die Wurmkur für Ihren Hund kaufen, nehmen Sie ihn doch einfach mit in die Praxis, dass minimiert seinen Stress, wenn eine Behandlung notwendig wird.

IMPFUNGEN – WELCHE SIND NOTWENDIG?

Ebenso wichtig ist, dass er regelmäßig alle notwendigen Impfungen erhält. Ihr Züchter hat Ihnen sicher erzählt, dass der Welpe mit der achten Woche, also kurz vor seinem Auszug, gegen Staupe, Hepatitis, Leptospirose und Parvovirose geimpft wurde. Manchmal wird auch noch gegen Zwingerhusten geimpft, dies ist aber eher weniger der Fall und häufig auch umstritten, da der Nutzen nicht ausreichend bewiesen ist.

Die zweite Impfung erfolgt, wenn der Welpe bereits bei Ihnen ist, nämlich mit etwa 3 Monaten. Dabei bekommt der Hund eine Impfung gegen Staupe, Hepatitis, Parvovirose, Leptospirose und noch dazu Tollwut, diese muss nach 4 Wochen wiederholt werden. Daraufhin kann der Hund ausreichend Antikörper bilden, sodass eine Immunreaktion stattfinden kann.

Die Tollwutimpfung sollte mindestens alle 3 Jahre erfolgen. Gegen Leptospirose sollte jährlich geimpft werden. Bei Fragen oder auch einer nötigen Titerbestimmung berät Sie Ihr Tierarzt sicher gern.

Urlaub mit Hund

Die erste Reise steht an und Ihr Hund darf Sie begleiten. Das wird eine aufregende Zeit, denn mit Hund wird der Urlaub ganz anders als gewohnt. Nachdem Sie ein Reiseziel gefunden haben, sollten Sie eine Unterkunft suchen, in der Hunde erlaubt beziehungsweise bestenfalls sogar erwünscht sind. Orte, die nicht mitten in der Stadt sind und eher ruhig liegen, sind für die ersten Urlaube gut geeignet. Die neue Umgebung bedeutet generell erst mal etwas Stress für den Hund. Auch ist es sinnvoll, dass Ihr Hund schon gut allein bleiben kann, denn in manchen Unterkünften ist es nicht gewollt, dass Tiere mit in den Speisesaal kommen. Daher kann es sein, dass Ihr Hund zumindest in dieser Zeit allein auf dem Zimmer bleiben muss. Ansonsten können Sie Ihre Aktivitäten nach Belieben so planen, dass Ihr Vierbeiner überall dabei sein kann.

Urlaub ohne Hund

Planen Sie eine größere Reise und möchten vielleicht sogar mit dem Flugzeug verreisen, sollten Sie sich gut überlegen, ob Ihr Hund dabei sein sollte oder nicht. Hunde fliegen im Laderaum des Flugzeuges, es sei denn, sie sind sehr klein und passen ins Handgepäck. So ein Flug bedeutet großen Stress, Ihr Hund ist komplett allein oder zusammen mit anderen verängstigten Hunden. Unter Umständen kann Ihr Hund das Vertrauen in Sie verlieren, während er so ganz auf sich allein gestellt den Flug überstehen muss. Ob man dem Tier damit etwas Gutes tut, ist wirklich mehr als fraglich. Je nachdem, wohin Sie reisen, ist die sehr hohe oder niedrige Temperatur auch eine ernst zu nehmende Belastung.

Möchten Sie ohne Hund verreisen, ist es sinnvoll, sich frühzeitig eine Betreuungsmöglichkeit zu suchen.

Vielleicht haben Sie jemanden in Ihrer Familie oder im Bekanntenkreis, bei dem Sie wissen, dass Ihr Liebling gut aufgehoben ist.

Ansonsten gibt es auch die Möglichkeit, eine Hundepension zu suchen, dabei sollten Sie sich die Unterkunft aber vorher genau ansehen. Werden die Hunde in Zwingern gehalten, sind es viele Hunde auf wenig Platz oder gibt es generell keinen menschlichen Kontakt, ist diese Unterkunft eher ungeeignet, da Ihr Hund so eine Unterbringung nicht gewohnt ist. Am besten eignen sich Pensionen, in denen nur eine geringe Anzahl Hunde zusammenkommt.

Aufgenommene Tiere sollten auch immer nachweislich geimpft und entwurmt sein, damit sich keine Krankheiten verbreiten können. Auch Freilauf sollte selbstverständlich mehrmals am Tag gewährleistet werden. Geben Sie Ihrem Hund seine gewohnte Decke und gegebenenfalls sein Lieblingsspielzeug mit, was ihm etwas Sicherheit in der fremden Umgebung geben soll. Besuchen Sie die Unterkunft mit Ihrem Hund am besten schon, bevor Sie die Reise antreten, damit Ihr

Hund die Gegebenheiten schon mal kennengelernt hat.

Sollten Sie einen sehr ängstlichen Hund haben oder Ihr Vierbeiner kommt absolut nicht mit anderen Hunden zurecht, ist dies leider keine gute Option und Sie sollten sich besser nach einer privaten Betreuungsperson umsehen, die Sie und Ihren Hund auch vorher kennenlernen kann.

Manche Züchter bieten auch an, die bei ihnen geborenen Hunde während der Urlaubszeit zu betreuen, das können Sie vorher erfragen. Wichtig ist nur, eine Betreuung zu finden, die sich fast so gut wie Sie selbst um Ihren Hund kümmern kann, welche den Hund bestenfalls schon vorher kennt und bei der auch Sie ein gutes Gefühl haben und Ihren wohlverdienten Urlaub genießen können.

Die Pubertät

Plötzlich über Nacht hat sich Ihr kleiner, lieber, süßer Welpe zu einem ungehorsamen und frechen Hund entwickelt, den Sie nicht wiedererkennen. Auf einmal hört er auf kein Kommando mehr, weiß nicht mehr was „Hier" oder „Sitz" bedeutet, und Sie fangen gefühlt wieder ganz von vorn an. Ganz so schlimm ist es zum Glück nicht, aber die Pubertät ist eine schwierige Zeit, die Hund und Halter herausfordert. Die Pubertät ist auch die Zeit, in der die Geschlechtsreife erreicht wird und in der sich viele Strukturen im Gehirn verändern.

Alle Kommandos werden hinterfragt, manchmal auch ignoriert, was Sie sicherlich des Öfteren in den

Wahnsinn treiben kann. Die Pubertät beginnt zwischen dem 6. und 12. Lebensmonat, bei Hündinnen offensichtlich bemerkbar durch die erste Läufigkeit. Rüden heben ab da an vermehrt das Bein, während sie urinieren, schnüffeln mehr an Markierungen anderer Hunde und werden ungestümer im Spiel mit Artgenossen.

Umweltreize werden spannender als die Kommandos der Halter, generell wirkt der Hund eher unaufmerksam und leicht ablenkbar. Außerdem werden Sie bemerken, dass Ihr Hund sich weiter von Ihnen entfernt und vielleicht auch mehr Interesse am Jagen zeigt. Manche Hunde entwickeln Angst oder Aggression in eigentlich bekannten Situationen, die vorher nie Probleme verursacht haben. Vielleicht erkennen Sie Ihren Hund in manchen Situationen auch gar nicht mehr wieder und fragen sich, welche Ursache sein plötzliches Verhalten hat.

Wichtig ist beim Umgang mit Ihrem Hund, dass Sie die vorhandenen Regeln auch weiterhin einfordern, damit geben Sie Ihrem Hund Sicherheit.

Auch Grundsignale sollten wieder vermehrt geübt werden, um diese weiter zu festigen. Geduld und Ruhe in Situationen, welche auf ihn bedrohlich wirken, unterstützen Ihren Hund bei der Bewältigung.

Unternehmen Sie schöne Ausflüge zusammen, die beiden Freude bereiten, um die anstrengenden Situationen etwas in den Hintergrund zu rücken.

Machen Sie sich immer wieder bewusst, dass Ihr Hund Sie nicht ärgern will, es ist für ihn auch eine schwierige Zeit, in der sich viel in seinem Körper verändert. Der Hund benötigt viel Führung, Sicherheit, Geduld und liebevolle Konsequenz, damit er sich orientieren kann.

Nach der Pubertät, welche unterschiedlich lange dauern kann, beginnt die Adoleszenz, welche auch noch mal zwischen 3 und 4 Jahre dauert. Erst danach ist der Hund sowohl geistig als auch körperlich erwachsen.

Hundeerziehung ist nie beendet, es läuft auch nicht immer alles wie geplant und natürlich gibt es auch immer wieder anstrengende Phasen, aber das Wichtigste ist, den Mut nicht zu verlieren. Behalten Sie Ihr Ziel immer im Auge und bleiben Sie konsequent dran, denn das ist der Schlüssel zum Erfolg.

Und was ist, wenn es doch Probleme gibt?

Ein Hund ist kein Gegenstand, er ist nicht programmierbar, sondern hat seinen eigenen Kopf. Trotz aller Bemühungen und Trainingseinheiten können Schwierigkeiten auftreten, die zu Überforderung und Hilflosigkeit führen können. Das ist kein Grund, sich zu schämen, und Sie haben auch nicht versagt, vielmehr sollten Sie so früh wie möglich überlegen, ob es sich nicht lohnt, doch mal mit einem Trainer über bestimmte Probleme zu reden. Oft reichen wenige Tipps und andere Strukturen im Alltag, um Halter und Hund wieder zueinander zu bringen. Umso früher Sie Hilfe suchen und das gezielt trainieren können, umso höher ist die Wahrscheinlichkeit, dass das ungewünschte Verhalten korrigiert werden kann. Wenn sich bestimmte Macken erst einmal über Jahre hinweg gefestigt haben, benötigen Sie viel mehr Zeit und Geduld, um Ihrem Hund ein Ausweichverhalten beizubringen.

Gerade, wenn Sie das erste Mal einen Hund bei sich halten, kommen häufig Fragen auf, die mithilfe eines Trainers schnell beantwortet werden können. Möglicherweise können Sie auch in Ihrer Welpengruppe und später in der Junghundgruppe nach Rat fragen. Trotzdem sind Hausbesuche auch nicht verkehrt, da manche Eigenheiten erst in der heimischen Umgebung sichtbar werden und die Ursachen ebenso hier zu finden sind.

Scheuen Sie sich nicht, nach Hilfe zu fragen, das ist keine Schwäche, sondern zeigt, dass Sie bereit sind, etwas zu ändern, und dieses Ziel werden Sie definitiv erreichen können. Es gibt viele gute Trainer, welche Ihnen hilfreiche Tipps geben können, die Sie selbstständig zu Hause umsetzen können.

Beste Freunde ein Leben lang

Die Welpenzeit ist sehr schnell vorbei und aus dem kleinen Fellknäuel wird ein temperamentvoller Junghund. Tag für Tag ist der Hund belastbarer geworden und Sie können viele schöne Ausflüge zusammen erleben. Wenn Sie nach Hause kommen, ist immer jemand da, der Sie freudig erwartet, schwanzwedelnd auf Sie zukommt und am liebsten immer an Ihrer Seite sein möchte.

Dieses Gefühl, nie mehr allein zu sein, ist doch etwas ganz Besonderes. Ihr Hund und Sie sind ab nun ein Rudel, zudem auch Ihre Familie gehört, und mit seinem Menschen geht ein Hund jeden noch so steinigen Weg. So eine enge Verbindung kann kaum ein anderes Tier mit einem Menschen eingehen. Hoffentlich können Sie diese Beziehung viele Jahre lang genießen, denn auch, wenn ein Hundeleben leider sehr begrenzt ist, gibt es doch genügend Zeit, viele Abenteuer gemeinsam zu bestehen. Versprochen, Hundeliebe verschwindet nie, wer einmal einen Hund hatte, möchte sein Leben nicht mehr ohne so einen treuen Begleiter verbringen.

Herstellung und Verlag:
BoD – Books on Demand, Norderstedt
ISBN: 9783754332047

1. Auflage
Kontakt: Psiana eCom UG/ Berumer Str. 44/ 26844 Jemgum
Covergestaltung: Fenna Larsson
Coverfoto: depositphotos.com